財政破綻に備える

次なる医療介護福祉改革

キヤノングローバル戦略研究所 研究主幹、経済学博士
松山幸弘
Yukihiro Matsuyama

日本医療企画

はじめに

　財政破綻に対する医療界の関心が高まっている。2016年夏頃から、筆者への講演依頼の希望内容の中に"財政破綻"が必ず含まれるようになった。これは、2018年度に診療報酬・介護報酬の同時改定があることが影響していると思われるが、それだけではない。同時改定が許容できる範囲に収まったとしても、現在進められている医療改革の目標年である2025年頃までには実際に財政破綻が起きて、医療制度のみならず社会保障制度全体が崩壊するのではないかと真剣に考える人が増えているのである。

　一方、筆者が所属するキヤノングローバル戦略研究所は、2016年12月2日に財政・社会保障シンポジウム「財政リスクの論点整理と国民の選択肢」を開催した。パネルディスカッション講師となってくださった有識者の氏名と発表テーマは、森田朗氏（当時：国立社会保障・人口問題研究所所長、現在：津田塾大学総合政策学科教授）「人口減少時代の政策決定」、吉川洋氏（立正大学経済学部教授）「財政の現状と課題」、佐藤主光氏（一橋大学政策大学院教授）「日本の財政破綻：今そこにある危機」、小黒一正氏（法政大学経済学部教授）「年金改革—積立方式への移行はできる」である。また、筆者の発表テーマは「公的医療保険を2階建てにする」であった。その発表資料と議事録が当研究所WEBサイトに公開されているので、ぜひご覧いただきたい。

　当研究所は、このシンポジウムの成果を引き継ぐ形で、小林慶一郎氏（慶応義塾大学経済学部教授、キヤノングローバル戦略研究所研究主幹兼任）を座長とする財政問題研究会で財政破綻が起きた時のシナリオ作りに着手した。筆者の担当テーマは、医療介護福祉制度における財政破綻時の緊急対応策とその後の財源確保に役立つ仕組みを提言することである。そこで本書では、途中経過ながらこのテーマの論点をできるだけ広い視野から整理し解説することにチャレンジすることとした。

　その作業のため読んだ本の中で最も感銘を受けたのは、吉川洋氏の『人口と日本経済：長寿、イノベーション、経済成長』（2016年8月初

はじめに　3

版、中公新書）である。日本に蔓延する「人口減少ペシミズム（悲観論）」を排し、経済成長の鍵を握るのはイノベーションであることを明示しているからである。イノベーションを別の言葉で表せば「国民全体の飛躍的な生産性向上」である。筆者も2002年に出版した『人口半減：日本経済の活路──年金・医療・教育改革と地方自立』（東洋経済新報社）において、仮に将来推計どおりわが国の人口が半分になるとしても、社会保障制度の財源構成を年金から医療介護にシフトさせ医療介護サービス提供体制改革で生産性向上を果たせば、国民一人ひとりから見た豊かさを維持・向上させるのは可能であることを説いた。その中で提言した具体策のいくつかは、2015年の医療法改正、2016年の社会福祉法改正で法律に盛り込まれた。

　しかしながら、安倍政権が決めてきた改革のうち医療介護福祉分野を見る限り、改革の方向は正しいものの、具体的施策が的を外しているためほとんどが画餅に終わっている。2017年５月に公表された「新産業構造ビジョン」、６月に閣議決定された「未来投資戦略2017」を見ても、各施策が網羅的に列挙されているだけで施策間の優先順位と、改革後の仕組みが自立するための財源がどのように回るのかが示されていない。だから、補助金で各施策の実証事業を行っている間は成功しているように見えても、普及しないことの繰り返しなのである。

　このイノベーションの壁に関して注目すべき文献がある。米国の国立科学アカデミーが2002年に出した「Medical Innovation in the Changing Healthcare Marketplace: Conference Summary」（2017年６月現在、この資料名でWEB検索すれば入手可能）である。これは、バイオ、ゲノム、ICT、AIが急速に発展し始める前夜に作成された資料である。そこには、医療分野のイノベーションを論ずる場合、新しい医薬品・医療機器の開発に注目が集まる傾向にあるが、人々がその恩恵を受けるためには医療サービス提供体制のイノベーションが必須であることが最初に書かれている。筆者は、この指摘を「政府の補助がなくても『新産業構造ビジョン』や『未来投資戦略2017』に記載された内容を自らの経営判断で日常業務の中で実現していく事業体の創出」と解釈している。米

国にはそのような事業体が多数存在している。安倍総理が2014年1月のダボス会議で言及したメイヨークリニックや、第3章で取り上げたセンタラヘルスケアが、その具体例である。

筆者がバージニア州ノーフォーク市に本部を置くセンタラヘルスケアを初めて訪問したのも2002年である。それ以来15年間ほぼ毎年センタラヘルスケアに通い、医療技術進歩と共にそのマネジメントが変革し続ける様子を観察してきた。そして、本書執筆のために2017年5月16日、約6時間のヒヤリングに応じてくださり、提供資料を筆者が自由に活用してよいというレターまでいただいた。毎回調査の窓口になってくださるMichael Dudley（保険子会社の社長）、ヒヤリングに応じてくださったKurt Hofelich（中核病院プレジデント、テーマは「AIと医療」）、Doug Thompson（意思決定支援部長、同「ベンチマーキング」）、Terry Gilliland（医師、同「Precision Medicine（個別化医療）」）、Sameh Basta（保険子会社ケアイノベーション担当ディレクター、同「Population Health」）、Janice Clark（サービス管理マネジャー、同「医療提供部門のPHR」）、John Coughlin（保険子会社の情報分析担当課長、同「保険会社のPHR」）の各氏に対して、深く感謝申し上げたい。

前著『医療・介護改革の深層』に続き、今回も株式会社日本医療企画の松村藤樹氏、小野良子氏にご高配、ご尽力いただいた。ここに改めて御礼を申し上げる次第である。

2017年6月

松山 幸弘

contents

はじめに……………………………………………………………3

第1章　医療介護福祉経営者が直面する　リスクと対策　　9

第1節　反面教師として世界から注目される日本……………10
諸外国が日本の医療制度を取り入れない3つの理由
公的介護保険導入を検討する中国への提言
なぜ、米国は医療介護費増加が経済成長の足かせになっていないのか？

第2節　2018年度診療報酬・介護報酬同時改定の行方…………16
診療報酬は本当に低すぎるのか？
財政破綻の顕在化の予兆と起こり得る時期
金利上昇に関連して経営者が留意すべき3つのこと

第3節　財政破綻前に取り組んでおくべき改革の論点…………23
既得権益の肥大化に切り込む方法

第2章　医療改革の方向が正しくても　的を外せば画餅　　35

第1節　地域医療連携推進法人制度の欠陥と可能性……………36
地域医療連携推進法人が日本版メイヨークリニックになれない理由
合弁事業を組成する際の会計制度のポイント

第2節　医療サービス産業の競争政策………………………………44
ベンチマーキングの活用は今すぐ行うべき
日本と海外との患者情報共有の格差

第3節 「どこでもMY病院」の失敗を繰り返すPHR構想 49

PHR構想は実現しない?!

第3章 センタラヘルスケアに見る
世界最先端の地域包括ケアの経営   55

第1節 地域住民の支持を受け急成長を続ける
センタラヘルスケア 56

センタラヘルスケアは地域包括ケア大規模事業体
センタラヘルスケアの財務的特徴

第2節 医療ICTの定義の変遷とPHR 60

米国における医療ICTの現状

第3節 AIと医療 64

医療にパラダイムシフトが起きつつある

第4節 進化を続けるベンチマーキングによる経営改善手法 69

センタラヘルスケアのベンチマーキング最新事情

第5節 財源と医療提供体制を一元管理する
Population Health 73

Optima Healthのノウハウ

第4章 2015年度財務諸表集計結果が示唆する
社会福祉法人の課題   77

改正社会福祉法が形骸化する恐れ
社会福祉法人の財務諸表集計分析の要点

47都道府県別
社会福祉法人2015年度財務諸表集計結果 91

第 1 章

医療介護福祉経営者が直面するリスクと対策

第1節

反面教師として世界から注目される日本

諸外国が日本の医療制度を取り入れない３つの理由

　筆者は、医療の質向上に取り組む国際学会ISQua（International Society for Quality in Health Care）に所属、各国の医療政策研究者たちとチームを組み、医療改革の比較研究を行っている。チームリーダーは、マッコーリー大学オーストラリア医療イノベーション研究所長のJeffrey Braithwaite教授である。筆者は、本作成時のアジア地区編集者として参加している。具体的成果物は次の３部作である。

①Healthcare Reform, Quality and Safety
　執筆共通テーマ
　「世界30カ国における医療の質と安全を巡る改革の論点」
　（2015年３月刊行、Ashgate Publishing Limited刊）
②Health Systems Improvement across the Globe: Success Stories from 60 Countries
　執筆共通テーマ
　「世界60カ国における成功事例で他国の医療改革へのヒントの紹介」
　（2017年８月刊行、CRC Press, Taylor & Francis Group刊）
③Health Care Systems: Future Predictions for Global Care（仮題）
　執筆共通テーマ
　「世界40カ国における医療改革による５年～10年後の変革の姿」
　（2018年に刊行予定、CRC Press, Taylor & Francis Group刊）

　わが国の政府関係者や医療界には「世界に冠たる皆保険」といった用

語を使い、「日本の医療制度は世界トップ評価であり諸外国の模範になる」といった主張を国際会議等で行う人がいる。しかし、前述したISQua会員との共同研究を通じて気づいたことは、日本の医療制度を真似しようと考えている国は皆無だという点である。

その理由として3つのことが挙げられる。第1に、米国を例外として一定水準の経済発展を遂げた国々では、基礎的医療の皆保障は当たり前の状況にある。その財源確保を税金、公的保険、民間保険、患者負担をどのように組み合わせて行っているかの違いはあっても、皆保障、皆保険は日本独自の長所ではないのである。第2に、医療分野のICT活用では日本は先進諸国の中で評価が低い。患者情報共有の仕組みが脆弱でほとんど機能していないからである。第3に、日本は赤字国債発行で医療財源を賄う状況から脱出する見通しが立っておらず、医療制度の持続性が危ぶまれているからである。各国の医療政策研究者たちは、国と地方政府の借金を合わせた一般政府債務残高の名目GDP比が日本の場合、

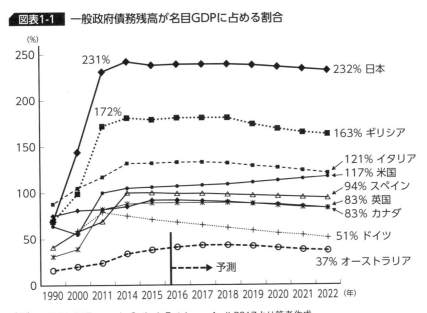

図表1-1　一般政府債務残高が名目GDPに占める割合

出所：IMF World Economic Outlook Database, April 2017より筆者作成

既に200％を超え非常事態にあることを、皆知っている。**図表1-1**が、IMF（国際通貨基金）が2017年4月に発表したその最新データである。彼らから見て、「Sustainability（持続性）のない仕組みは評価に値しない」のである。

公的介護保険導入を検討する中国への提言

筆者は、2015年12月、中国国務院参事室幹部5名の訪問を受けた。彼らは、習近平国家主席の下で政策を立案するチームであり、次の質問を筆者に投げかけてきた。

「中国でも医療介護サービス提供の拡充が国民の最大の関心事になってきた。公的医療保険の整備が一段落したので、次は公的介護保険の導入を考えている。国民医療費が名目GDPに占める割合は、2015年現在約7％。医療技術の進歩による医療費増加に介護市場拡大を加味すると、国民医療費の対名目GDP割合が近未来に15％まで上昇する見込みである。介護費を含めた国民医療費が増加する時、日本のように経済成長や財政のマイナス要因にならないようにするにはどうしたらよいか？」

この質問の背景には、長年の一人っ子政策の影響で中国も近未来に高齢化が急速に進むという事実がある。高齢化が一国の社会制度や経済に与える影響の程度を国際比較する指数として従属人口割合がある。従属人口割合とは、「14歳以下人口＋65歳以上人口」を「15歳〜64歳人口」で割ったものである。その値が低い時ほど将来の高齢化に備えた社会保障制度改革を実行しやすいと解釈される。

図表1-2のとおり、日本の従属人口割合指数は、バブル経済が破裂する直前の1990年時点では先進諸国の中で最も低い水準だったが、2017年現在では最も高く、2050年には未曽有の95に達する。中国の場合、2010年時点で35と最も低い国になったが、今後急上昇し2050年には倍の70に達すると予測されている。

中国側からの質問に対し、筆者は次の3つのポイントに絞って回答した。

図表1-2 従属人口割合指数の国際比較

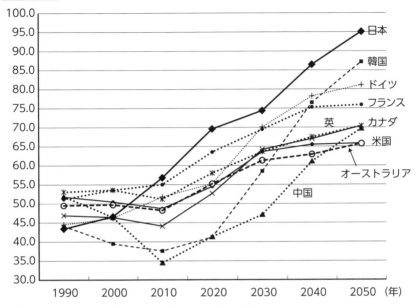

（注）従属人口割合＝＜14歳以下＋65歳以上＞÷＜15～64歳＞
出所：日本は国立社会保障・人口問題研究所「日本の将来推計人口（平成29推計）」、日本以外は世界銀行データベース資料から筆者作成

① 国民医療費増加と経済成長、財政の健全性維持を両立させることは可能だ。なぜなら、医療介護サービス提供の生産性を飛躍的に高める工夫をすれば、むしろ医療介護は経済成長のエンジンになり得る。また、医療保険と介護保険の給付が日本のようにリッチになりすぎないように制度設計すれば、財政への圧迫をコントロールできるはずである。
② 日本の失敗は、高齢者を過度に優遇するリッチな給付にしてしまったことに加えて、病院の過剰投資を放置、入院以外のケアサービス事業体も規模が小さく、提供体制全体の生産性が低いことにある。このうち病院の過剰投資の元凶は地方政府が設置者となっている公立病院にある。
③ 中国は病院が不足していることもあり公立の大病院をどんどん建設しているようだが、これを放置していると地域住民のニーズとのミスマ

ッチが拡大し、10年後には今の日本と同じような状態になる。人口50万人から100万人の広域医療圏単位で公立病院を経営統合し、医療設備投資のガバナンスを強化すべきではないか。

　この指摘に対する中国側の反応は「わかっている」であった。実際彼らは、当研究所訪問前の2015年9月に、公立病院を広域医療圏ごとに経営統合させる方針を地方政府に通知していたのである。具体的には、人口30万人以上の都市で公立病院を合併させ、機能分担でミスマッチの縮小を図り、浮いた財源でプライマリケアなど病院以外のケアサービス拡充を実現するという内容だ。筆者は、彼らが先進諸国の医療制度を詳しく研究、米国のIntegrated Healthcare Networkやオーストラリアが公立病院を地域統合することで類似の仕組みを形成したことなどにも知見がある様子に非常に感銘を受けた。

なぜ、米国は医療介護費増加が 経済成長の足かせになっていないのか？

　わが国では医療介護費の増加が経済成長のマイナス要因になっているとの見方が強い。確かに現在のように医療介護サービス提供体制の生産性が低い状態のままでは、GDPに占める医療介護サービス産業の割合が上昇すれば日本経済全体の生産性が下がり、経済成長のマイナス要因となる。ではなぜ、GDPの17％以上も医療介護サービスを消費する米国では、医療介護費増加が経済成長の足かせになっていないのだろうか。その答えは前著『医療・介護改革の深層』（2015年、日本医療企画）にも記した。前著では、2000年3月から2014年9月の期間における米国企業の1時間当たり人件費の増加要因全体のうち、医療費は13.2％に過ぎないことを明らかにした。米国企業にとって医療費増加はコスト上昇要因として小さいのである。

　図表1-3は、その後の2014年9月から2017年3月の期間における同割合がさらに6.1％に低下したことを示している。これは、米国経済全

図表1-3 米国企業の１時間当たり人件費の増加要因

	2014年9月 ①	2017年3月 ②	増加額 ②−①	増加額 構成比
１時間当たり人件費 （ドル）	30.32	33.11	2.79	100%
現金支給額	21.18	23.06	1.88	67.4%
企業福祉給付コスト	9.14	10.06	0.92	33.0%
医療費	2.71	2.88	0.17	6.1%
職員家族の団体医療保険	2.36	2.50	0.14	5.0%
高齢者のメディケア・パートA	0.35	0.38	0.03	1.1%
年金等貯蓄	2.65	2.88	0.23	8.2%
その他	3.78	4.30	0.52	18.6%

出所：米国労働省統計局 Employer Costs for Employee Compensationから筆者作成

図表1-4 米国における医療費負担者割合の推移

	2000年	2010年	2015年
企業	25%	21%	20%
家計	32%	28%	28%
政府	35%	45%	46%
連邦政府	19%	29%	29%
地方政府	17%	16%	17%
その他 （民間）	8 %	7 %	6 %

（注）四捨五入のため合計は必ずしも一致しない
出所：米国政府Centers for Medicare & Medicaid Services, National
　　　Health Expenditures Highlightsの2010年版と2015年版から筆
　　　者作成

体で見ると、医療以外の産業の生産性向上による賃金上昇が医療費増加
を難なく吸収していることを意味する。加えて、第３章で紹介するセン
タラヘルスケアのマネジメントから明らかなように、医療介護サービス
産業自体の生産性向上能力が高いのである。

　なお、**図表1-4**のとおり、医療費の財源構成の変化を見ても企業負担
は増えていない。医療費増加の大部分は連邦政府が肩代わりしているの
である。

第2節

2018年度診療報酬・介護報酬同時改定の行方

診療報酬は本当に低すぎるのか？

2017年4月に医療介護福祉事業経営者を対象としたパネルディスカッションに参加した際、自民党厚労族議員から「病院の収支が悪化しているのであるから、2018年度の診療報酬改定でマイナス改定はあり得ない」とのコメントがあった。しかし、2016年度の改定では医療機関の収支に直結する診療報酬本体部分は0.49％引き上げられている。本当に現在の診療報酬は低すぎるのであろうか？

筆者は、診療報酬全体の水準の妥当性を判断するデータとして、社会医療法人の財務諸表収集・分析を2009年から続けている。社会医療法人は、公立病院が赤字の原因と主張する救急医療、へき地医療、周産期医療などの政策医療を補助金がなくても実施していること等を条件に認定される事業体である。自民党厚労族議員が指摘した病院収支は、病院のみの業績を表している。一方、社会医療法人の多くは、病院以外の施設運営やケアサービス提供に取り組み、地域包括ケアシステムで重要な役割を果たしている。そして診療報酬は、病院と病院以外のケアサービスの両方を含んだ料金体系である。したがって、診療報酬全体の水準の妥当性を判断するデータとして、病院収支より社会医療法人収支の方が優れていることは定義から自明である。

図表1-5は、2017年1月時点で社会医療法人に認定されていた278法人すべての財務諸表の集計結果である。**図表1-6**は、個別の社会医療法人の業績分布である。このデータから次のことを指摘できる。

①社会医療法人の平均経常利益率が約3％ということは、診療報酬全体

図表1-5 社会医療法人278法人全体の財務データ

	2014年度	2015年度
売上高	1兆8,566億円	1兆9,182億円
経常利益	562億円	546億円
経常利益率	3.0%	2.9%
総資産	2兆835億円	2兆2,120億円
純資産	7,998億円	8,430億円
純資産割合	38.4%	38.1%

出所:社会医療法人の財務諸表から筆者作成

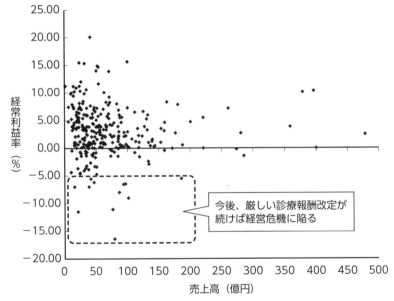

図表1-6 社会医療法人278法人の業績分布（2015年度）

(注) 2016年4月1日付で愛仁会（大阪府）と合併した明石医療センター（兵庫県）は愛仁会のデータに加算することで反映した
出所:社会医療法人の財務諸表から筆者作成

　の財源が十分に供給されていることを意味する。前節で述べたように、わが国の医療提供体制は過剰投資状態にある。通常、業界全体が過剰投資になっている産業では、業界全体で構造赤字に陥る。医療機関が過剰投資にもかかわらず構造赤字になっていないのは、過剰投資でも

黒字になるような財源が供給されているからにほかならない。これは、医療提供体制の改革により医療の追加財源獲得ができることを意味する。

②社会医療法人の財務諸表を収集して気づいたことは、平均経常利益率の動きが診療報酬本体の改定率にほぼリンクしている点である。2014年度と2015年度の業績は、2014年4月の改定を反映したものであり、その後の2年間は診療報酬改定がなかった。しかし、個々の社会医療法人の経常利益率は、それぞれの事情により上下している。にもかかわらず社会医療法人全体で平均経常利益率が2014年度3％、2015年度2.9％とほぼ不変だったことは、やはり社会医療法人全体のデータを観察することが診療報酬水準の妥当性を判断するのに有効である証である。

③地域包括ケアシステムで求められるケアサービスの多くを自前で品揃えできている規模の大きい社会医療法人の収支と財務内容は良好である。これに対して、自らに対するニーズとのミスマッチを抱えている社会医療法人は苦戦している。病院単独施設経営の事業体の収支が2016年4月のプラス改定以降悪化している理由も、これと同じミスマッチにあると考えるべきである。なお、**図表1-7**に売上高上位20の社会医療法人を示しておいた。

④2016年4月に診療報酬本体部分が0.49％引き上げられたことを加味すると、2016年度、2017年度の社会医療法人全体の平均経常利益率は3.4％前後と推定できる。これは、2018年4月の診療報酬改定をマイナス1％とする余地があるということである。

このように2018年4月の改定がマイナス1％になっても医療提供体制全体の崩壊にはつながらないのだが、2017年6月時点で筆者が得ている情報によれば、財務省はあまり厳しいマイナス改定を考えていないようである。一方の介護報酬も、第4章の**図表4-2**（81ページ）に示すように、高齢者専業社会福祉法人の利益率が2015年4月のマイナス改定の影響で低下していることから、マイナス改定は避けられそうである。

図表1-7 社会医療法人売上高上位20（2015年度）

	売上高 （百万円）	経常 利益率 （%）	総資産 （百万円）	純資産 の割合 （%）	グループ内 社福収入 （百万円）
①愛仁会（合併後）	47,776	2.5	65,489	68.2	3,079
愛仁会（合併前）	34,899	1.6	52,515	81.0	
明石医療センター	12,877	4.9	12,974	16.3	
②生長会	39,987	0.0	45,746	36.7	4,442
③木下会	39,609	10.3	41,168	65.4	
④財団池友会	37,836	10.1	40,938	74.5	
⑤財団石心会	35,879	3.9	35,730	25.6	458
⑥雪の聖母会	28,566	▲1.4	35,679	52.4	391
⑦ジャパンメディカル アライアンス	28,099	2.7	27,515	14.7	2,428
⑧北九州病院	26,109	7.2	34,850	53.6	
⑨杏嶺会	22,132	7.4	20,419	31.0	
⑩財団白十字会	22,122	5.5	21,352	44.4	1,641
⑪友愛会	20,071	4.7	16,037	15.5	
⑫孝仁会	18,784	0.6	27,478	24.2	
⑬近森会	18,605	▲5.5	32,101	0.2	587
⑭河北医療財団	18,535	1.0	11,239	16.2	
⑮天神会	18,071	7.9	27,868	32.1	
⑯母恋	17,675	2.7	16,198	26.9	
⑰財団慈泉会	17,165	▲0.0	23,294	10.8	493
⑱厚生会	16,308	8.3	24,333	85.8	4,151
⑲弘道会	15,912	▲0.4	21,676	14.9	2,824
⑳大雄会	15,875	3.2	16,006	5.5	

（注1） グループ内社会福祉法人収入のデータは2015年度
（注2） 社会医療法人が兼営する社会福祉法人の名称は、愛仁会が愛和会、生長会が悠人会、財団石心会が石心福祉会、雪の聖母会が平和の聖母、ジャパンメディカルアライアンスがケアネット、財団白十字会が佐世保白寿会、近森会がファミーユ高知、財団慈泉会が恵清会、厚生会が慈恵会、弘道会が弘道福祉会
出所：社会医療法人と社会福祉法人の財務諸表から筆者作成

しかし、こうして2018年度同時改定を無事乗り切ったとしても、医療介護福祉事業体の経営者は安心してはならない。財政破綻の顕在化が近づいているからである。

財政破綻の顕在化の予兆と起こり得る時期

図表1-1（11ページ）で見たとおり、わが国の財政は既に構造的に破綻している。安倍政権は"経済成長による財政健全化という画餅"を掲げながら消費税率引き上げを避け続けている。おそらく、2019年10月に再々延期した消費税率8％から10％への引き上げも実行しないだろうという見方が強い。日本国民が覚悟しなければならないのは、現在の社会保障制度の給付カットをある程度実施したとしても、社会保障制度を持続させるためには消費税率を20％以上に今すぐにでも引き上げなければならないという事実である。バブル経済が崩壊した1991年以降、抜本改革をせず政府債務を積み上げ続けている以上、財政破綻の顕在化は不可避である。

財政破綻の顕在化とは、国が資金繰りのために国債を発行しようと思っても買い手がいない「国債の札割れ」という事態である。そうなれば診療報酬等に流れている公費も一時的に止まる。その後、国が国債を発行するには高い金利を支払わねばならない。その結果、国の予算に占める利払い費が年々膨らみ、社会保障のための財源がその分浸食され続ける。つまり、診療報酬や介護報酬の大幅カットが不可避なのである。加えて国際金融市場における円の信用が失墜するため急激な円安も予想される。急激な円安は輸入している医薬品や医療機器の円ベース価格の高騰を招くので、それらの輸入が実質ストップする。

最大の問題は、国債の札割れがいつ起こるのかである。その時期を正確に予測することは困難であるが、石油価格再上昇等により経常収支が赤字になる、一般政府債務残高が家計金融資産残高を突き抜けることが見えてくる、国債を買うため新札の輪転機を回し続けている日本銀行（＝円）への信頼が失墜する——といった要因が浮上すれば起こる。筆者は現在、厚生労働省が進めている医療改革の目標年である2025年までにそれが起こると予想している。その頃には、一般政府債務残高が家計金融資産残高を突き抜けて国債を海外投資家に買ってもらう必要性が明確になるからである。

20

そうなった場合、海外投資家に頼らず日本銀行に新規発行国債をすべて買わせればよいという意見もある。しかし、それは財政規律の完全放棄であるから、国際金融市場で円の信用が失墜し別次元の危機状態を招く。国民が肝に銘ずべきことは、財政破綻後は大増税必至であり、処理コストの大半を負担するのは国民だという点である。この問題を巡る論点は、「はじめに」で述べた当研究所主催の財政・社会保障シンポジウム「財政リスクの論点整理と国民の選択肢」の議事録に解説されているので、ぜひご一読いただきたい。

金利上昇に関連して経営者が留意すべき3つのこと

　国債札割れを契機とした金利上昇に関連して、医療経営者が留意すべきことが3つある。

　第1に、国債札割れで公費の流れが止まると診療報酬のうち公費負担分が入ってこなくなるので、医療機関はしばらくの期間、資金繰り難に陥る。この時、公立病院はもともと赤字を垂れ流しても誰も責任を取らない仕組みなので存続することができる。しかし、民間医療機関の場合、その時点での借入残高が大きく赤字転落すると、銀行から貸しはがしの対象になる可能性が高い。保有している国債の暴落で自己資本比率が低下した銀行側がリスク回避に動くのである。民間医療機関の場合、資金調達時に理事長が連帯保証を強いられているのが通常なので、その経営者は極めて深刻な状況に追いやられる。

　第2に、グループ形成の重要性が高まる。国債札割れを契機に診療報酬が公費負担分だけカットされる期間が続いた場合、民間医療機関側が資金繰りのために取り得る対策として、レセプト債や医療機関債の発行が考えられる。しかし、中小規模の医療事業体が単独でレセプト債や医療機関債を発行しようとしても高い金利を要求されるので、実際には発行できないと予想される。一方、社会的信用を有する医療事業体グループが共同で資金調達するのであれば、より有利な条件でレセプト債や医療機関債を発行できると思われる。そのために必要な規制緩和があるの

第1章　医療介護福祉経営者が直面するリスクと対策　21

であれば、早急に実施しておくべきである。

　第3に、医療経営者にとって融資契約の金利上昇リスクは、金利上昇後ではなく金利上昇前にあるのである。日本医師会総合政策研究機構（日医総研）は、2017年3月に発行したワーキングペーパーNo. 379「マイナス金利政策1年と医療等への影響」（執筆者：石尾勝氏）において「医業経営にとって気をつけなければならないのは、今のマイナス金利ではなく、将来、金利が上昇した時である。借入金利が本格的に引き上げられたなら、医療機関によっては医業利益が失われ、経営が苦境に陥る恐れもあるだろう。」と警鐘を鳴らしている。

　しかし、金利上昇が始まっても、日本の政治・経済、社会保障制度が混乱している期間（おそらく3～5年）、設備投資を控え銀行借り入れをしなければ、銀行側の都合で医療機関が倒産に追い込まれることはない。それよりも、現在の低金利に幻惑されて近未来の金利高騰リスクから逃れることができない融資契約を、今締結することこそが危険なのだ。

　具体的には、病院建設のために期間20年の融資契約を結ぶ際、前半10年間を変動金利（銀行側の短期資金調達コスト＋マージン〔利ざや〕）、後半10年間を今から10年後の固定金利とするケースである。この仕組みは、銀行側が金利上昇リスクを借り手である医療機関側に完全転嫁するものである。そして10年後に国債札割れが起きていると、医療機関側は耐えられないほどの高金利での借り換えを余儀なくされて倒産に追い込まれる。筆者は立場上、無料コンサルタントのような役割を果たすこともあるため、さまざまなタイプの医療経営者と意見交換する機会に恵まれている。そして、上記のような融資契約をしてしまっている方々に幾度か遭遇した。筆者のアドバイスは、「低金利のうちに融資条件を固定金利に変更する交渉を銀行と行うべき」である。

第3節

財政破綻前に取り組んでおくべき改革の論点

既得権益の肥大化に切り込む方法

　図表1-8は、新しい将来推計人口（平成29年推計）を反映した実質ベースの医療費、介護費の増減予測である。人口動態のみを反映した場合、医療費は2030年頃から減少に向かう。人口減少による医療費マイナス効果が高齢化による医療費プラス効果を上回るのである。高価格の抗が

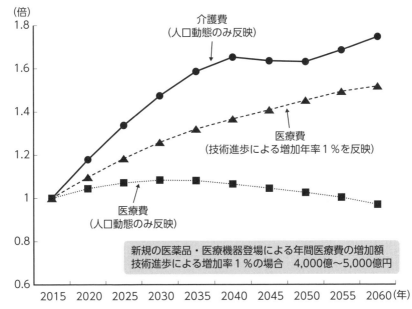

図表1-8　医療費と介護費の実質ベース増加倍率予測

出所：国立社会保障・人口問題研究所「日本の将来推計人口（平成29推計）」、厚生労働省「平成26年度国民医療費」、「介護保険事業状況報告」から筆者作成

ん剤オプジーボの騒動で再認識されたように、新しい医薬品や医療機器の登場が医療費を押し上げている。この技術進歩による医療費増加はどの国でも少なくとも1％はあると言われている。1％はわが国の人口減少の平均年率（2015〜2060年の期間の予測値は0.7％）より大きい。したがって、この1％を加味すると国民の医療に対するニーズは人口減少の下でも増え続ける。さらに介護費用は医療費の増加を大きく上回るペースで増える。

　データに基づく健康指導で国民医療費や介護費の削減を目指すデータヘルス計画が進められている。しかし、データヘルスが成功して平均寿命と健康寿命の差が縮小することは、1人の人間の生涯医療費・介護費の削減を保証していない。また、データヘルスが成功すれば平均寿命が伸びるわけだから年金財源必要額が増える。データヘルスは社会保障制度の財源確保には貢献しないと考える方が妥当なのである。しかしながら、健康管理に努力して平均寿命や健康寿命が伸びることを否定することは、人間の自己否定に他ならない。国民が幸福に暮らすために必要な社会保障制度が持続できる仕組みをひねり出すことしか選択肢はないのである。

　その具体的方法として、公的医療保険の給付対象を狭めて利用者の自己負担を増やす、追加財源確保のために新しい仕組みを導入する、診療報酬・介護報酬の単価を引き下げる——などが考えられる。これらの方法論の妥当性を検討する時、**図表1-9**に示した日本の医療制度の特殊性を理解しておくことが肝要である。日本の医療制度の最大の欠陥は、給付内容が非常にリッチであり受診行動や医療投資に対する規制が緩く、その結果さまざまな既得権益を肥大化させてしまったことにある。これらの既得権益に切り込む方法の論点として、以下の3点について考えてみた。

（1）公的医療保険を2階建てにする

　「公的医療保険の給付対象を狭めて利用者の自己負担を増やす」場合の優先検討課題の一つとして、75歳以上の後期高齢者医療制度におけ

図表1-9 日本の医療制度の特殊性

	日本	日米以外の先進諸国
皆保険の意味	対費用効果を精査することなく有効性が認められた医療はすべて保険の給付対象とする	有効性が認められた医療がすべて国民共通の公的医療保障の中に含まれているとは限らない
保険内容に対する国民の選択権の有無	全国民に一律適用 ⇒医療で格差が発生することを制度上一切認めない考え方	2階建て要素が入っている ⇒公的制度の枠組みの中で給付と負担のバランスを国民一人ひとりが選択できるオプションを組み込んでいる
受診規制の有無	一部導入開始したが緩い	家庭医等を活用した強い規制
設備投資規制の有無	設備投資規制が緩い中で、公定価格を全国一律に適用 ⇒公私病院共に非価格競争(過剰重複投資)を誘引する構造	強い設備投資規制により過剰重複投資を防止 ⇒皆保険ではない米国でも州政府による強力な高額医療機器投資規制がある
保険者(財源)と医療機関が連結する仕組みの有無	保険者と医療機関が対立 ⇒進行中の医療改革で都道府県に財源管理と提供体制整備の権限を集中する方向	財源と提供体制が共に公中心の国々では元々両者が実質連結 ⇒米国でも連結ビジネスモデルがシェアを伸ばしている
病院の利益が特定個人に帰属する割合	先進諸国の中で最も高い ⇒医療提供体制の営利性が高い	米国以外は公立病院中心で低い ⇒米国でも株式会社病院の病院数シェアは19%

筆者作成

る患者自己負担割合を原則1割から3割に引き上げることがある。現在は現役並み所得者のみ3割になっているが、所得に関係なく3割とし、金融資産もない困窮者は別途救済するという考え方である。では、これによって公的医療保険の必要財源がいくら削減されるのであろうか。厚生労働省のWEBサイト「医療保険に関する基礎資料」によれば、2014年度における75歳以上高齢者の患者自己負担額は1兆965億円であった。したがって、3割にすることの削減額は約2兆円となるが、弱者救済の必要財源が逆に増えることを考慮すると約1兆円と考えるのが妥当と思われる。この1兆円負担増に対する高齢者側の政治的抵抗は当然大きい。

　加えて、**図表1-8**の医療費の将来推移を眺めた場合、この1兆円の患者自己負担増加は、公的医療保険者の負担を一時的に引き下げるものの、技術進歩による年間4,000億～5,000億円の医療費押し上げにはほとんど対応できない。この技術進歩による医療ニーズ増加分の費用を国民が

何らかの形で拠出しない限り、国民は技術進歩の恩恵を受けることはできないのである。

そこで筆者は、2002年に『人口半減：日本経済の活路』を出版して以降、一貫して公的医療保険の2階建ての必要性を主張し続けているのである。2階建て医療保険とはどういうものかというと、医療保険が1階と2階に分かれており、2階部分に国民一人ひとりが給付と負担のバランスを選ぶことができる仕組みがあるということである。2階部分をどのようなものにするかは、バリエーションがたくさん考えられる。

わが国ではよく「公的医療保険の給付範囲を縮小して民間保険を使うべきではないか」という意見が聞かれる。筆者は、基本的にそれには反対である。日本の場合は、まず公的医療保険の中にオプションを設けることを考えるべきである。なぜなら、民間医療保険の場合、保険会社はできるだけ健康な人を集める傾向にあり、病気でも加入できるとコマーシャルしてはいるものの、加入時の既往症が原因であれば給付制限する条項が必ず約款に含まれている。これではセーフティネットのツールとして使えない。現在日本で販売されている民間医療保険は、公益性の点で公的医療保険に大きく劣るのである（**図表1-10**）。

海外が公的医療保険の2階建てをどのようにしているかについては、これまでに出版した書籍の中で解説してきた。例えばオーストラリアの場合、国民のうち平均所得以上の人は民間医療保険に入ることを国が推奨している。その結果、国民の半分近くが民間医療保険に加入している。そして、民間医療保険の保険料負担が高くなりすぎないように、保険会

図表1-10 　2階建て医療保険の方法論と評価の視点

2階部分も公的医療保険		公的医療保険の中に国民一人ひとりが給付と負担のバランスを選択できる部分（オプション保険）を組み入れる
民間医療保険を活用	2階部分は既存の民間医療保険	最も簡単な仕組みだが、制度の公益性が損なわれる
	2階部分になる民間医療保険を公的保険に近づける工夫を行う	既往症に基づく加入謝絶禁止、被保険者集団の疾病リスクの違いに基づく強制的財源調整などの規制強化により公益性を担保する

筆者作成

社の給付財源の30％を国が税金で補助する仕組みになっている。具体的には、民間医療保険を選択した国民の所得水準に合わせて保険料の補助を行うのである。所得の高い人にはその補助はほとんどない。民間医療保険に加入したメリットとしては、アメニティー部分に選択権があり、主治医の指名などができる。

　また、オーストラリアの制度では、民間医療保険を提供している保険会社約20社の決算終了後に、利益が多かった保険会社から利益の少なかった保険会社に強制的に財源を移すことが法律で定められている。これはなぜかというと、「利益がたくさん出たのはその保険会社が相対的に健康な人をたくさん集めた」という判断に基づく。つまり、加入者の疾病リスク、医療費リスクをすべて計算できるデータベースを使って事後的に自動財源調整する仕組みなのである。

　今の日本の国会のレベルでは、オーストラリアのような議論ができるとは思えないため、やはり最初は公的医療保険の中で２階建てを構築すべきと筆者は考えている。その時大切なことは、国民が容易に理解でき

図表1-11 民間医療保険の経費率は公的医療保険よりかなり高い

	公的医療保険の経費率	民間医療保険の経費率
米国	**1.4%** メディケア・パートA、B、Dの経費が支出総額に占める割合の2015年度実績	**12%〜14%** ・オバマ医療改革で使われる民間医療保険には、保険料に占める給付割合が、80%以上（個人保険または小グループ保険）または85%以上（大グループ保険）という条件がつけられている ・民間医療保険の雄カイザーの経費率は約５％
オーストラリア	**2.2%** 国と州政府が担う医療制度運営経費合計に占める経費の割合の2014年度実績	**8.8%** 公的医療保険の代替機能を担う民間医療保険の経費率の2014年度実績
日本の公的医療保険の経費率		
国民健康保険	**1.3%**＝厚生労働省「国民健康保険の財政状況（市町村）」に記載されている国保の総務費を支出計で割った値の2013年度実績	
健康保険組合	**1.6%**＝事務費が経常支出に占める割合の2015年度予算ベースの値	
協会けんぽ	**1.3%**＝業務経費・一般管理費が経常費用に占める割合の2014年度実績	

筆者作成

る仕組みかどうかである。そこで海外では改革前の制度を標準プランとする工夫をして混乱を防いでいる。2階建てにする狙いがどこにあるかというと、今後も医療費は増えていくので保険料を引き上げ続けなければならないが、それに対する国民の抵抗が大きいので、まず負担能力のある富裕層に自分の意思で追加財源となる保険料を払わせるという仕組みの構築である。また、受診時定額負担があり患者負担割合も高いが保険料は現行制度より安いオプションを提供すれば、かなりの国民が選択し、有効な健康管理のインセンティブになると予想される。

　筆者が2階部分のオプションに民間医療保険を使うべきではないとするもう一つの理由は、経費率である。**図表1-11**のとおり、民間医療保険の経費率は、オバマ医療改革の下での民間医療保険が12〜14％、オーストラリアの民間医療保険が8.8％である。これに対して公的医療保険の経費率はいずれの国でも2％程度に収まっている。

(2) 都道府県別診療報酬

　2017年4月20日開催の財政制度等審議会財政制度分科会が、改革項目として挙げた「医療費適正化に向けた都道府県の権限の整備」の具体策として、「第2期医療費適正化計画（平成25〜29年度）の実績評価が行われる30年度から、医療費適正化に向けた地域別の診療報酬の特例が設定できるよう、高齢者医療確保法第14条の活用策等の検討を進めるべき」との意見を資料に記載、審議した（同分科会資料3の47頁）。

＜高齢者の医療の確保に関する法律＞
（診療報酬の特例）
第十四条　厚生労働大臣は、第十二条第三項の評価の結果、第八条第四項第二号及び各都道府県における第九条第三項第二号の目標を達成し、医療費適正化を推進するために必要があると認めるときは、一の都道府県の区域内における診療報酬について、地域の実情を踏まえつつ、適切な医療を各都道府県間において公平に提供する観点から見て合理的であると認められる範囲内において、他の都道府県の区域内における診療報

酬と異なる定めをすることができる。

　すなわち、都道府県固有の原因で医療財源が不足する場合は、当該都道府県の診療報酬を他の都道府県より低くすることが、知事との協議で法律上は既に可能になっているのである。この都道府県別診療報酬には医療団体から反対の声が上がっている。しかし筆者は、15年くらい前に厚労省幹部と議論した際、「いずれそうせざるを得ない」と言われたことをはっきり記憶している。都道府県別診療報酬の是非は、次の論点を総合勘案して決めることになると思われる。

①医療制度を全国民で支え合う理念を維持するためには、都道府県の自助努力で解決が困難な要素については国が財源調整すべきである。具体的には年齢構成、所得格差、医療費が高額となる疾病患者数などである。
②逆に都道府県固有の原因による超過医療費については当該都道府県が責任を持つべきである。超過医療費の財源を国が補てんすることは、超過医療費を発生させていない都道府県にも回るはずの財源を実質的に奪うことになるからである。
③都道府県別医療費を採用しないということは、超過医療費の財源を当該都道府県の住民が負担する保険料の引き上げで確保するということである。
④しかし、都道府県固有の超過医療費の原因には、都道府県民の受診行動、健康管理とは別に医療機関側の過剰投資とそれを回収しようとするための過剰診療がある。したがって、都道府県民側が超過医療費の財源を高い保険料で全額引き受けることに納得するとは思われない。
⑤都道府県に財源と医療提供体制の両方をガバナンスさせる仕組みは、先進諸国における地域包括ケア運営の標準である。都道府県がその責任を果たすためには、診療報酬決定権限は不可欠である。
⑥診療報酬が異なる都道府県の間を患者が行き来した場合の事務処理が大変という反論がある。しかし、例えば「診療報酬が低いA県の住民

が、診療報酬が標準のB県で受診した場合、A県の保険者はあくまで
A県の保険給付額を負担、差額はその患者が負担する」、「診療報酬が
標準のB県の住民が、診療報酬が低いA県で受診した場合、B県の保
険者と患者はA県の低い保険給付と患者自己負担をそれぞれ負担する
（もしくは、A県の医療機関はB県からの患者に対してはB県の標準診
療報酬を請求する、としてもよい）」といったルールさえ決めれば、
後はそのシステム構築で事務処理の問題は解決できる。

（3）社会福祉法人を原則課税とし
　　模範的社会福祉法人に財源を重点配分する

　第4章で詳述するとおり、施設経営をしている社会福祉法人約1万
8,000法人全体（ただし、規模が別格に大きい済生会と聖隷福祉事業団
は含まない）の2015年度の平均経常利益率は4.1％、経常利益は3,000
億円超、金融資産から借入金を除いた純金融資産は2兆円超と推計され

図表1-12 純金融資産の対費用倍率が高い社会福祉法人数

施設種類 （集計法人数）	純金融資産の対費用 倍率の範囲	該当 法人数	施設種類 （集計法人数）	純金融資産の対費用 倍率の範囲	該当 法人数
高齢専業 （2,142）	1倍以上2倍 未満	305	高齢保育 （335）	1倍以上2倍 未満	38
	2倍以上3倍 未満	67		2倍以上3倍 未満	4
	3倍以上	30		3倍以上	1
保育専業 （991）	1倍以上2倍 未満	116	高齢障害 （606）	1倍以上2倍 未満	75
	2倍以上3倍 未満	7		2倍以上3倍 未満	12
	3倍以上	1		3倍以上	2
障害専業 （1,008）	1倍以上2倍 未満	235	障害と保育 または児童 （233）	1倍以上2倍 未満	47
	2倍以上3倍 未満	46		2倍以上3倍 未満	1
	3倍以上	18		3倍以上	2
児童専業 （152）	1倍以上2倍 未満	21	その他施設 （24）	1倍以上2倍 未満	11
	2倍以上3倍 未満	3			1
	3倍以上	1		3倍以上	0
児童保育 （94）	1倍以上2倍 未満	17	複合体 （602）	1倍以上2倍 未満	66
	2倍以上3倍 未満	0		2倍以上3倍 未満	10
	3倍以上	0		3倍以上	1

出所：6,187の社会福祉法人の2015年度財務諸表から筆者作成

る。社会福祉法人の調査を始める前の筆者もそうであったが、一般国民が社会福祉法人に抱くイメージは"赤字で資金難"であると思われる。しかし、事実は正反対なのである。その理由の一つは、福祉ニーズに積極的に応えるため、毎期財源をフル活用している社会福祉法人（少数派）と、新規投資に消極的で、過去の利益の累積である金融資産の維持に傾いている社会福祉法人（多数派）に業界が二極化していることにある。

ちなみに**図表1-12**は、その純金融資産の年間事業費用に対する倍率が１倍を超える法人数の詳細である。障害専業の場合、1,008法人中299法人で純金融資産が年間費用を上回っている。同倍率が相対的に低い高齢専業でも、2,142法人中402法人が１倍以上である。中には３倍を超えている法人すらある。これは、社会福祉法人における余剰資金の貯まり具合は経営者の福祉ニーズに対する取り組み姿勢に大きく左右されていることを示唆している。

このように、純金融資産の対費用倍率が高い社会福祉法人の多くは、

図表1-13 経常利益率が高い社会福祉法人数

施設種類 （集計法人数）	経常利益率の範囲	該当 法人数	施設種類 （集計法人数）	経常利益率の範囲	該当 法人数
高齢専業 (2,142)	10%以上20% 未満	178	高齢保育 (335)	10%以上20% 未満	45
	20%以上30% 未満	18		20%以上30% 未満	2
	30%以上	1		30%以上	0
保育専業 (991)	10%以上20% 未満	213	高齢障害 (606)	10%以上20% 未満	62
	20%以上30% 未満	27		20%以上30% 未満	5
	30%以上	6		30%以上	1
障害専業 (1,008)	10%以上20% 未満	243	障害と保育 または児童 (233)	10%以上20% 未満	55
	20%以上30% 未満	42		20%以上30% 未満	10
	30%以上	10		30%以上	4
児童専業 (152)	10%以上20% 未満	50	その他施設 (24)	10%以上20% 未満	4
	20%以上30% 未満	5		20%以上30% 未満	0
	30%以上	0		30%以上	0
児童保育 (94)	10%以上20% 未満	27	複合体 (602)	10%以上20% 未満	70
	20%以上30% 未満	1		20%以上30% 未満	5
	30%以上	0		30%以上	3

出所：6,187の社会福祉法人の2015年度財務諸表から筆者作成

毎年の経常利益率も安定して高い傾向にある。**図表1-13**は、経常利益率が10％以上の法人数を施設種類別に示している。経常利益率10％以上の法人数は、保育専業が991法人中246、障害専業が1,008法人中295、児童専業が152法人中55である。中には毎年経常利益率が30％を超える社会福祉法人すら存在する。ちなみに、不正経理で摘発された社会福祉法人（高齢保育で2015年度売上高37億円）の場合、高級車購入と職員ではない親族への数千万円の給与支払いという乱費後でも経常利益率が19.4％であった。

　また、利益率が高い社会福祉法人の場合、付随サービスに対して費用徴収が認められていることを乱用している疑いがある。例えば、知的障害者である入居者から平均残高数万円の小遣い用銀行通帳の管理料として月2,500円（年間3万円）を取っている法人がある。入居者の成年後見人から2,500円の積算根拠を求められても納得いく回答をしない。その銀行通帳管理担当者が横領していたという事態まで発覚した。その社会福祉法人の2015年度の業績は、売上高34億円、経常利益率14％である。この付随サービスに対する費用は、社会・援護局障害保健福祉部長通知「障害福祉サービス等における日常生活に要する費用の取り扱いについて」（一部改正　障発0330第6号　平成24年3月30日）の中で、「その他の日常生活費」または「その他の日常生活費と区別されるべき費用」として、**図表1-14**のように定められている。財務諸表データベースが構築されることを機会に、厚生労働省は、この一般常識からかけ離れた社会福祉法人の財務構造や経営姿勢の理由を国民に説明する必要がある。

　一方、地域包括ケアシステムの主役は、病院ではなく社会福祉法人である。地域包括ケアに対するニーズの大半は入院医療以外のケアサービス、制度でカバーされていない生活支援にあるからである。だから、社会福祉法人にはもっと活躍してもらわねばならない。そこで、社会福祉法を改正しガバナンスの強化や余剰資金を社会福祉充実に使うことを促す仕組みを作った。しかし、第4章で述べるとおり、改革の中身はかなり形骸化されたため、福祉ニーズ対応に積極的な社会福祉法人の資金不

図表1-14 障害福祉サービス等における「その他の日常生活費」の基準

1．「その他の日常生活費」の趣旨
　「その他の日常生活費」は、利用者の自由な選択に基づき、事業者又は施設が障害福祉サービス等の提供の一環として提供する日常生活上の便宜に係る経費がこれに該当する。
　なお、事業者又は施設により行われる便宜の供与であっても、サービスの提供と関係ないもの（利用者の贅沢品や嗜好品の購入等）については、その費用は「その他の日常生活費」とは区別されるべきものである。
2．「その他の日常生活費」の受領に関わる基準
　「その他の日常生活費」の趣旨にかんがみ、事業者又は施設が、利用者から「その他の日常生活費」の徴収を行うに当たっては、次に掲げる基準が遵守されなければならないものとする。
(1)「その他の日常生活費」の対象となる便宜と、介護給付費又は訓練等給付費（以下「介護給付費等」という）の対象となっているサービスとの間に重複関係がないこと。
(2) 介護給付費等の対象となっているサービスと明確に区分されない曖昧な名目による費用の受領は認められないこと。したがって、お世話料、管理協力費、共益費、施設利用補償金といったあやふやな名目の費用の徴収は認められず、費用の内訳が明らかにされる必要があること。
(3)「その他の日常生活費」の受領については、利用者に事前に十分な説明を行い、その同意を得なければならないこと。
(4)「その他の日常生活費」の受領は、その対象となる便宜を行うための実費相当額の範囲内で行われるべきものであること。
……途中省略……
5．「その他の日常生活費」と区別されるべき費用の取扱い
　預り金の出納管理に係る費用については、「その他の日常生活費」とは区別されるべき費用である。預り金の出納管理に係る費用を利用者から徴収する場合には、
(1) 責任者及び補助者が選定され、印鑑と通帳が別々に保管されていること、
(2) 適切な管理が行われていることの確認が複数の者により常に行える体制で出納事務が行われること、
(3) 省略
　また、利用者から出納管理に係る費用を徴収する場合にあっては、その積算根拠を明確にし、適切な額を定めることとし、……以下省略

　足と消極的な社会福祉法人に金融資産が積み上がり続ける構造は、今後も変わらないと見込まれる。

　この構造にメスを入れる方法として、社会福祉法人に課税してその資金を都道府県単位にプール、都道府県の裁量で積極経営の社会福祉法人に重点配分することが考えられる。このアイデアは、筆者が2011年に初めて社会福祉法人の財務内容推計を発表した後に出会った社会福祉法人業界団体の会長からいただいたものだ。同会長の意図は、「医療法人のように所得課税されて財務省に吸い上げられるくらいなら、業界でプールして再配分する方がまし」ということであった。筆者はこれを社会

第1章　医療介護福祉経営者が直面するリスクと対策　33

保障審議会福祉部会のテーマにしたかったが、反対が強く議論することができなかった。反対者の理由の一つは、「資金プールを作るということは新たなお役所仕事を作るということであり、かえって非効率になる」という不可思議なものであった。そこで筆者は、今では財務省が2014年11月28日開催の行政改革推進会議資料「秋のレビュー」で示した「公費等を原資とした事業から生じた内部留保については国庫に返納する」という意見を支持する方向に傾いている。

第2章

医療改革の方向が正しくても的を外せば画餅

第1節

地域医療連携推進法人制度の欠陥と可能性

▌地域医療連携推進法人が日本版メイヨークリニックになれない理由

安倍総理が2014年1月の世界経済フォーラム（通称：ダボス会議）で次のように宣言した。

「……医療を、産業として育てます。日本が最先端を行く再生医療では、細胞を、民間の工場で生み出すことが可能になります。日本では、久しく『不可能だ！』と言われてきたことです。40年以上続いてきた、コメの減反を廃止します。民間企業が障壁なく農業に参入し、作りたい作物を、需給の人為的コントロール抜きに作れる時代がやってきます。日本では久しく『不可能だ！』と言われてきたことです。これらはみな、昨年の秋、現に、決定したことです。加えて、昨日の朝私は、日本にも、Mayo Clinicのような、ホールディング・カンパニー型の大規模医療法人ができてしかるべきだから、制度を改めるようにと追加の指示をしました。既得権益の岩盤を打ち破る、ドリルの刃になるのだと、私は言ってきました。……」（首相官邸WEBサイトで公開されている「世界経済フォーラム年次会議冒頭演説〜新しい日本から、新しいビジョン〜」から抜粋。下線は筆者）

Mayo Clinic（以下、メイヨークリニック）とは、米国ミネソタ州の大平原の中に医療都市を築いている事業規模110億ドルの非営利ホールディングカンパニーである（**図表2-1**）。臨床研究では世界トップの名声を得ており、世界中から医師、科学者、企業が集まる医療産業集積を形成している。筆者は、2005年に出版した『医療改革と統合ヘルスケアネットワーク』（東洋経済新報社、共著者河野圭子氏）の中で、米国

36

図表2-1 メイヨークリニックが形成する医療産業集積

- ミネソタ大学：医学部＋各種研究機能
- ミネソタ州政府：産業振興政策

Mayo Medical School
（別法人の医科大学）

Mayo Clinic
＜2016年12月期＞
収入 110億ドル
経常利益 4.8億ドル（同率4.3％）
教育・研究予算 10億ドル
医師・科学者4,590名＋研修医等2,426名
医師以外の職員数 58,488名
全米50州と137ヵ国から患者132万人

左記以外に
アリゾナ州
フロリダ州
でも事業展開

Mayo Clinic Health System
（別法人の地域医療ネットワーク）
1992年設立
医療圏内コミュニティ数 60超
参加医師数 1,000名超

グループ全体の経営形態は非営利ホールディングカンパニー

バイオ・医療関連企業群
- Bio Business Alliance of Minnesota
- Life Science Alley
- Minnesota Angel Network

出所：メイヨークリニックWEBサイト公表資料等から筆者作成

の医療関係者から「自動車やエレクトロニクスなどで世界をリードしている日本がどうして医療分野ではまったく競争力がないのか？」と質問され悔しい思いをしたことを記した。その意味で、安倍総理の勇気ある"国際公約"は大歓迎であった。

しかし、その結果、新しく作られた地域医療連携推進法人が**図表2-2**のような私有財産である医療法人を核にした仕組みであるかぎり、それが成長して将来日本版メイヨークリニックにまで進化することはあり得ない。これは、メイヨークリニックが何たるかを知っている者の常識である。その制度設計の審議を行った「医療法人の事業展開等に関する検討会」の迷走ぶりについては、前著『医療・介護改革の深層』で詳しく解説した。

一方、厚生労働省は、同制度がスタートする2017年４月２日の直前まで「40以上の地域で地域医療連携推進法人設立の検討が行われてい

第2章　医療改革の方向が正しくても的を外せば画餅　37

図表2-2 地域医療連携推進法人のイメージ

出所：厚生労働省「地域医療連携推進法人制度（仮称）の創設について（概要）（案）」から抜粋

る」という情報を発信して強気だった。ところが実際に設立された地域医療連携推進法人は4件にとどまった。そこで、地域医療連携推進法人の欠陥と可能性について、前著と重ならない視点で論じると、次のとおりである。

①厚生労働省は医療機関の連携を提唱していながら、自らが直轄する国立病院（2017年3月末現在、病院数143）、労災病院（同34）、地域医療機能推進機構病院（同57）の中で、地域医療連携推進法人参加に手を挙げているところが一つも存在しない。
②既に機能の異なる施設群を垂直統合したIntegrated Healthcare Networkの基本形を単独で構築できている経営者にとって、メリットがない。
③合弁事業など他の制度を活用しても類似の仕組みを作ることが可能であり、その方が地域医療連携推進法人の煩雑な事務負担、他者（特に都道府県医師会）の介入を回避できる。

④筆者が最も期待していた社会医療法人と社会福祉法人の合併が認められなかった。第1章で示した社会医療法人278のうち60近くがグループ内で社会福祉法人を兼営している。現在は両者の経営資源の共同活用が自由にできない仕組みになっている。そこで、合併を認めることで地域包括ケアシステムにおける当該事業体の経営効率と人材育成機能が高まるはずであった。しかし、厚生労働省の中で社会医療法人と社会福祉法人の担当局が異なることの弊害が出た。

⑤地域医療連携推進法人は、「参加法人が病院等に関する業務を行うのに必要な資金を調達するための支援として、資金の貸し付け、債務の保証及び基金を引き受ける者の募集を行うことができる」（医政局長通知医政発0217第16号から抜粋）とされている。一方、地域医療連携推進法人は、都道府県知事の承認があれば病院を直営できるが、原則病院を持たないとされている。資金調達時に地域医療連携推進法人に担保力がない状態では、参加法人またはその理事長が銀行から連帯保証を求められる。これでは、参加法人の資金調達を支援することにならない。

⑥厚生労働省がパブリックコメントを募集した際、「地域医療連携推進法人の経営形態として一般社団法人のみでなく一般財団法人も認めるべき」と筆者は要望した。理由は、地域医療連携推進法人の発足時に開業医、薬局、介護施設など地域包括ケアシステムで異なる機能を分担し合う事業体がたくさん参加を希望した場合、一般社団法人では全員を社員にして議決権配分の争いが生じ経営意思決定が迅速にできない組織になってしまう懸念が大きい。一般財団法人であれば、参加事業体をすべて評議員として受け入れた上で、少数精鋭の経営実務者で理事会を構成するという仕組みが作れるからである。しかし、受け入れられなかった。

⑦地域医療連携推進法人を巡る非営利のロジックが依然として迷走しており、持分あり医療法人が参加するにはリスクが大きい。医政局長通知は、「（3）医療連携推進認定の基準について（法第70条の3・則第39条の7〜39条の12関係）」において、「社員等になれない者」を

列挙している。その中に「……地域医療連携推進法人や参加法人の業務に関連した報酬等の経済的利益を受ける者が想定されること。……営利団体には、例えば、実質的に利益の分配を行っている一般社団法人や一般財団等も含まれるものであること。」（下線は筆者）と記している。厚生労働省にアドバイスしたという公認会計士によれば、「実質的に利益の分配を行っている……等」には、「社員の脱退や出資金の相続問題が発生し剰余金の一部が流出した場合の持分あり医療法人」も該当するとみなされる。つまり、持分あり医療法人の場合、必ずいつかは剰余金流出という事態が発生するが、その時、地域医療連携推進法人の社員となっていた持分あり医療法人は除名される可能性が高いのである。

　しかし面白いことに、この⑦の欠陥をもたらした医政局長通知によって、地域医療連携推進法人は、筆者が元々主張していた非営利ホールディングカンパニーのあるべき姿に近づく。**図表2-3**がその概念図である。持分あり医療法人は、地域医療連携推進法人の社員になるのではなく、患者情報共有による機能分担を必須条件にした業務提携の形で結びつけばよいのである。親会社機能を果たす部分の事業体（地域医療連携推進法人の核になる組織）は国公立病院や大学附属病院が経営統合することで形成される。持分なし事業体である社会医療法人、社会福祉法人、その他公的病院は、社員として地域医療連携推進法人に参加するか、持分あり医療法人と同様に業務提携にとどめるかの選択権を持っている。

　この形であれば担保力があるので、参加する法人が銀行から融資を受ける時に地域医療連携推進法人が債務保証し、参加法人理事長を銀行が要求する連帯保証から解放することが可能となる。そして参加法人が地域医療連携推進法人に保証料を支払うのだが、それを財源に地域医療連携推進法人が参加法人のICT投資コスト等を補助すれば、参加法人側のコスト負担は増えない。

　筆者は、わが国で非営利ホールディングカンパニーの議論が迷走するのは、その組織の求心力がお金ではなく参加する関係者すべての信頼関

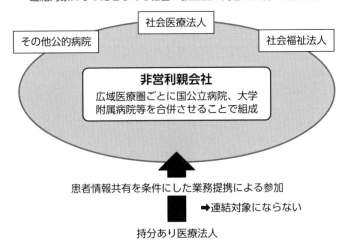

図表2-3 地域医療連携推進法人を活用する場合の目指すべき方向

図表2-4 ホールディングカンパニーの非営利と営利の比較

	非営利 ホールディングカンパニー	営利 ホールディングカンパニー
経営資源の持ち主	株主等の個人ではない （例）地域社会、政府	株主 （特定個人の私有財産）
利益還元先	地域社会や政府	株主
組織の求心力の源泉	関係者すべての信頼関係	お金

筆者作成

係にあるという非営利の本質（**図表2-4**）を理解できていないからだと考えている。第3章で紹介するように、米国の大規模地域包括ケア事業体同士が経営統合する時、1ドルも資金は動かない。両事業体の所有者は地域社会であり、特定個人ではないからである。大切なことは、常に地域全体の利益の最適化という判断基準で意思決定するリーダーの存在と組織カルチャーなのである。

合弁事業を組成する際の会計制度のポイント

　なお、**図表2-3**を理解する上でもう一つ重要なことがある。それは、前述③で指摘したとおり、参加する事業体間の信頼関係があれば、地域医療連携推進法人を使わなくても類似の仕組みを合弁事業形式で実現できるということである。そこで、国公立病院などが中心となって合弁事業を組成する時の会計制度が重要になる。筆者は、総務省が独立行政法人等を念頭に置いて作成した「連結財務書類の手引き」が使えると考えている。そこには、非営利組織連結会計の基本原則が盛り込まれている。この独立行政法人の連結会計の考え方を持分のない官民両方の医療介護福祉事業体に適用すれば、全国各地に大規模な非営利ホールディングカンパニーを創出することができるように思われる。

　連結会計の方法は全体連結、持分法、比例連結の３つである。全体連結とは、連結対象子事業体に他にマイナー出資者がいたとしてもその出資割合とは無関係に当該子事業体の財務書類すべてを親事業体の財務書類と合算、マイナー出資者の権利は親事業体の純資産に反映させる方法である。**図表2-5**のとおり、全体連結が適用されるのは、その親事業体が業務運営に実質的に主導的立場を確保しているケースである。この全

図表2-5 地方公共団体系非営利組織の連結財務書類適用範囲の考え方

	全部連結	比例連結
都道府県 市町村	全部連結	―
一部事務組合 広域連合	―	経費負担割合等に応じて 比例連結
地方独立行政法人	業務運営に実質的に主導的な立場を確保している地方公共団体が全部連結	業務運営に実質的に主導的な立場を確保している地方公共団体を特定できない場合は、出資割合、活動実態等に応じて比例連結
地方三公社	（同上）	（同上）
第三セクター等	出資割合50%超または出資割合50%以下で業務運営に主導的な立場を確保している地方公共団体が全部連結	（同上）

出所：総務省「連結財務書類作成の手引き（2016年5月改訂）」から抜粋

体連結を適用する際の判断基準は、営利企業か非営利組織かに関係なく共通しており、全体連結は、前著『医療・介護改革の深層』の「特別インタビュー　医療・介護改革で重要な役割を担う事業規模１千億円の社会福祉法人の経営戦略」に登場していただいた聖隷福祉事業団が友好関係先とグループ形成する時に適している。

　持分法とは、マイナー出資者である親事業体が子事業体の純資産と利益の部分のみを出資割合に応じて自分の財務書類に合算する方法である。比例連結とは、親事業体が複数ある中で各々の親事業体が連結対象子事業体の財務書類を出資割合等に応じて合算する方法である。比例連結が適用されるのは、いずれの親事業体も主導的立場を確保しておらず意思決定が協議で行われるケースである。

　会計理論上の理屈は省略するが、株式会社の場合は経営の主導権を確保していない関連会社を財務諸表に反映する方法として比例連結ではなく持分法が原則となっている。しかし、国際公会計基準（International Public Sector Accounting Standards）は、「IPSAS 第 8 号－ジョイント・ベンチャーに対する持分」において、非営利組織間の合弁事業のように出資者の共同支配で運営される事業体については比例連結を適用することを提唱している。なお、合弁事業には当該事業体に法人格を与えるケースと与えないケースがあることを知っておく必要がある。

第2節

医療サービス産業の競争政策

ベンチマーキングの活用は今すぐ行うべき

　厚生労働省が国内外にアピールしている「保健医療2035提言書」（2015年6月公表）、経済産業省の「新産業構造ビジョン」（2017年5月公表）、日本経済再生本部「未来投資戦略2017」（2017年6月公表）には、医療サービス産業における日本の競争力、その競争政策を考える上での論点が多々含まれている。

　例えば、「保健医療2035提言書」には「具体的アクションの例」として、2035年までにベンチマーキングによる治療成績の改善ができる体制を作ることが挙げられている。しかし、第3章で述べるとおり、米国では既にベンチマーキングをフル活用する仕組みが完成している。筆者が拙著『医療改革と統合ヘルスケアネットワーク』で医療ベンチマーキングを解説した2005年には、既にその基本形ができていた。また、『医療改革と経済成長』（日本医療企画）を出版した2010年時点で、カナダとオーストラリアは、医療提供体制の中心である公立病院のベンチマーキング成績をインターネット上で国民に公開していた。したがって、「保健医療2035提言書」が日本の遅れを認識し、ベンチマーキング活用を提唱するのは正しい。

　しかし、ベンチマーキング活用の仕組みは2035年ではなく今できていなければならない。なぜなら、例えば厚生労働省が第2回未来投資会議に提出した資料にある「ICT・AI等を活用した医療・介護のパラダイムシフト」（**図表2-6**）を実現するには、ケアサービスの質と安全性、医療介護事業体の経営に関する評価情報とそれに基づき改善努力する組織カルチャーの2つが不可欠である。その評価情報に説得力を持たせ、

44

図表2-6 厚生労働省が考えるICT・AI等の活用の方向

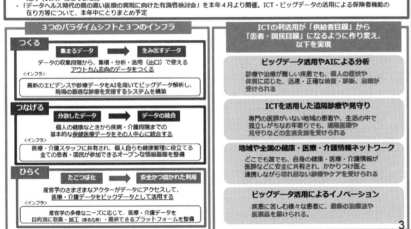

出所：第2回未来投資会議（2016年11月10日開催）に厚生労働省が提出した資料「医療・介護分野におけるICT活用」から抜粋

現場の仕事の改善に結びつける触媒がベンチマーキングだからである。

日本と海外との患者情報共有の格差

　ICT・AI等を活用して医療・介護のパラダイムシフトを起こすためには、患者から見た医療サービス産業の競争のあるべき姿を考えねばならない。患者がメリットを実感できる競争の成果とは、自分の主治医が同じ専門分野の医師仲間の中で評価が高く（医師間の競争）、医師をサポートするスタッフや設備が他施設より良質で（病院間の競争）、自分が受診している三次医療圏（プライマリケアから高度急性期まで、すべてのケアサービス事業体が整っている地域単位）の医療が他地域より優れて世界標準であること（地域間競争）である。**図表2-7**がそのイメージ図である。

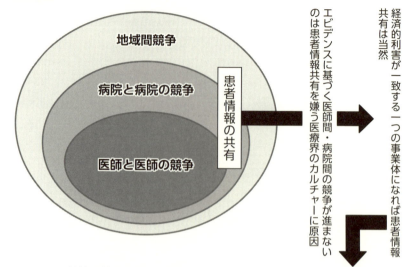

図表2-7 医療サービス産業の競争の構造

地域間競争を担う大規模IHNは、医師間、病院間の競争も促す

筆者作成

　この３層構造の競争を機能させるための大前提が患者情報の共有である。そこで、厚生労働省は、都道府県単位または医療圏単位で医療情報連携ネットワークを構築することを推進している。**図表2-8**のように、その中で最も成功した事例としてしばしば長崎県の「あじさいネット」を紹介している。しかし、2004年に運営を開始して13年たった同ネットの利用登録者数は、2017年５月15日現在65,297人、県民136万人の4.8％にすぎない。その原因は、情報開示施設が32あるものの、他施設の患者情報は見るが自施設の患者情報は見せないという情報閲覧施設が308と、患者情報共有がほとんどできていないに等しいからである。これでは県民がメリットを感じないのも当然である。海外ではこのような仕組みが患者情報共有システムと呼ばれることはない。
　このような日本と海外との患者情報共有の格差は、例えば医療機関検索システムの質の格差に現れる。わが国でも各都道府県の医療機関検索システムを使えば、患者が必要としている分野の医療機関を発見できる。

図表2-8 厚生労働省が構築中の医療情報連携ネットワーク

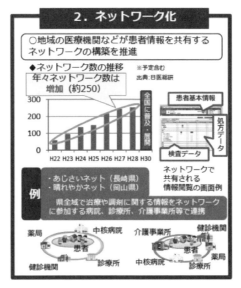

出所：第2回未来投資会議（2016年11月10日開催）に厚生労働省が提出した資料「医療・介護分野におけるICT活用」から抜粋

　しかし、患者が初めて訪問したその医療機関と患者がこれまでに受診した医療機関の間で、情報共有は前述のとおり不完全である。また、新たに主治医となった医師が他の医療機関からもらう情報を信頼するかどうかは当該医師の裁量である。したがって、その患者の医療チームが組成されるにしても時間がかかる。

　一方、第3章で紹介する米国のセンタラヘルスケアの医療機関検索システムの場合、登場する3,800名超の医師はすべてセンタラヘルスケアに直接雇用されている医師（約900名）または業務提携している独立開業医（約2,900名）である。彼らはセンタラヘルスケアが管理する診療録システムの共同利用者であるので、情報の信頼性を疑わない。その結果、患者が初めて受診する医師であっても、その患者のための医療チームが即座に編成される。

　「新産業構造ビジョン」と「未来投資戦略2017」を読むと、この患者

情報共有と医療の標準化などをトップダウン指示で全国一律に推し進めようとしているように思われる。結論を先に言うと、人口が1億人を超える日本でそれは無理筋であり、その必要もない。米国やオーストラリアのように人口100万人前後の広域医療圏で情報共有を牽引するIHNを作るべきである。そうすればビッグデータ活用も国全体で進む。逆にこれができないということは、同じ医療圏内の国公立病院間で情報共有に基づく機能分担、医療の標準化ができていないということなので、全国一律の仕組みができるはずがない。別の視点から説明すると、患者情報共有や医療の標準化を促すためには、現場の医師や看護師、その他スタッフたちが「これは自分たちの仕事の改善に役立つ」という仕組みでなければならないのである。日々改善の努力をする組織カルチャーを持つ大規模事業体がたくさん誕生すれば、政府が産業構造ビジョンや未来投資戦略を作成する必要がなくなる。最前線の現場が常に政府より先に動くからである。

第 3 節

「どこでもMY病院」の失敗を繰り返すPHR構想

PHR構想は実現しない?!

　「新産業構造ビジョン」と「未来投資戦略2017」の中で医療分野における最大の画餅はPHR構想である。**図表2-9**がその概念図であり、「未来投資戦略2017」ではその具体的施策として次のような記述がある。

図表2-9　新産業構造ビジョンが掲げるPHRの仕組み

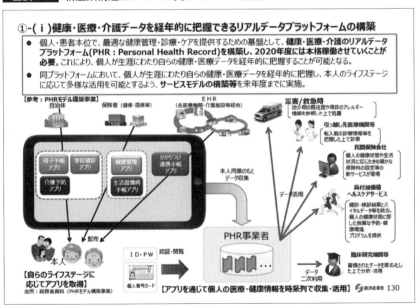

出所：経済産業省「新産業構造ビジョン」から抜粋

＜「未来投資戦略2017具体的施策」資料より抜粋＞
新しい健康・医療・介護システムの構築
①データ利活用基盤の構築
・個人・患者本位で、最適な健康管理・診療・ケアを提供するための基盤として、「全国保健医療情報ネットワーク」を整備する。同ネットワークは、患者基本情報や健診情報等を医療機関の初診時等に本人の同意の下で共有できる「保健医療記録共有サービス」と、更に基礎的な患者情報を救急時に活用できる「救急時医療情報共有サービス」等で構成し、これら自らの生涯にわたる医療等の情報を、本人が経年的に把握できる仕組みであるPHR（Personal Health Record）として自身の端末で閲覧できるようにすることを目指す。2020年度からの本格稼働に向け、本年度中に実証事業を開始しつつ、具体的なシステム構成等について検討し、来年度以降、詳細な設計に着手する。

筆者は、次の理由からこのPHR構想は実現しないと確信している。

①このPHR構想は、2010年に「高度情報通信ネットワーク社会推進戦略本部医療情報化に関するタスクフォース」が提案した「どこでもMY病院構想」（図表2-10）の焼き直しにすぎない。当時作成された工程表によれば、どこでもMY病院の本格稼働も2020年度とされていたが、不成功に終わっている。失敗の理由の一つとして、患者が持参してきた過去の医療情報に対する信頼性に医師側が疑問を持つ傾向が強く、役に立たなかったということがあった。
②図表2-9のとおり、診療録を預かり管理するのは主治医以外の事業者が想定されている。これは、かつてグーグルとマイクロソフトがPHR事業の覇権争いをして共に失敗した教訓を忘れている。筆者は、両社の争いが始まった2008年に米国に取材に行った。その時、医療産業の専門家に言われたことは、「必ず失敗する。最大のプライバシーである医療情報を主治医以外の者に預ける人はほとんどいないからだ。まして営利IT会社に預けることなどあり得ない」であった。この

図表2-10 不成功に終わった「どこでもMY病院」構想

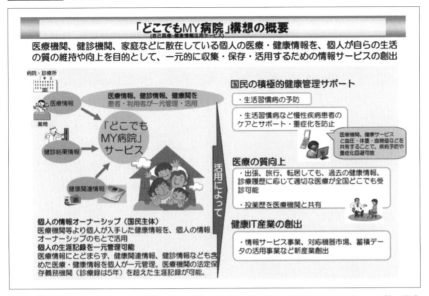

出所：高度情報通信ネットワーク社会推進戦略本部「医療情報化に関するタスクフォース第1回会合資料」から抜粋

点に関する日本国民の価値観を示す調査報告書が2017年3月に出た。日本医療政策機構（代表理事：黒川清氏）の「2016年 医療ICTに関する意識調査」である。それによれば、自分の健康データを共有してもよい相手として選ばれたのは、主治医74％、自分が訪問した病院47％、家族39％、薬局24％、政府3％である。**図表2-9**で活躍が期待されているPHR事業者に対する国民の診療録管理者としての信頼度は、政府の3％より低いと認識する必要がある。

③第3章で詳述するように、米国では現在、保険会社やIntegrated Healthcare Networkが保険加入者や患者にPHRアカウントを開設するように勧誘しているが、普及率が低迷している。唯一の成功例はKaiser Permanente（以下、カイザー）である。カイザーの保険加入者はカイザーの医療機関しか利用しない、つまり保険加入者から見てカイザーの巨大な医療サービス提供部門全体が主治医なのであり、も

ともと自分たちの医療情報はすべてカイザーに保管されている。その
ため、PHRアカウントを開設して健康管理など追加付随サービスを
受けることに同意するのである。一方、他の保険会社の大半は医療サ
ービス提供部門をもたず、むしろ保険加入者の主治医と対立関係にあ
る。また、カイザー以外のIntegrated Healthcare Networkは、仮に保
険子会社をもっている場合であってもライバル保険会社の加入者も患
者として受け入れている。その分だけ患者との関係が希薄である。ま
た、Integrated Healthcare Networkは、患者が自分の診療録にいつで
もインターネットでアクセスし医療チームとも共有できるようにして
いる。したがって、患者側がPHRアカウント開設の必要性をあまり
感じていないのである。

④「未来投資戦略2017」には医療分野のICT投資対象としてPHR構想
以外にもたくさん示され、それらによって創出される新たな市場規模
や成果がKPI（Key Performance Indicator：重要業績評価指標）とし
て具体的に記述されている。しかし、それらを達成するための投資コ
スト額がどこにも見当たらない。また、補助金による実証事業が終了
した後、誰がコスト負担するのかも示されていない。この政府計画の
不思議に関して、筆者は規制改革会議健康・医療ワーキング・グルー
プ専門委員だった2016年4月に厚生労働省に対して質問したことが
ある。以下の議事録のとおり、厚生労働省の回答は「わからない」で
あった。諸外国の医療ICT投資の成功と失敗の歴史から学ぶと、実は
この「わからない」という回答は正しく、ICT投資の主目的が医療の
コスト節約というより質の向上にあるということも正しいのである。
しかし、毎年のICT投資額が医療介護費50兆円に占める割合を現在の
1.1％から2％以上に引き上げることが必須要件のように思われる。
ところが、その財源確保の目途がまったく立っていない。

〈規制改革会議健康・医療ワーキング・グループ 第48回会議議事録から抜粋〉

開催日：2016年4月14日

（質問者：松山）

……医療ICTの活用ということで、いろんなプロジェクトが動いているのですが、全体で投資コストがどのぐらいかかるのかということが、日本の議論の中には出ていないのです。ちなみに、日本の医療・介護市場におけるICTの投資コストというのは、統計が出ており、2014年の実績で5,200億円です。これは医療・介護費全体の約1.1％ですが、諸外国ではその割合が2％を超えているようです。日本の場合、遅れているICTの活用をこれから進める上で、どのくらいのコストがかかり、プロジェクトがうまく回ったときに、誰がそのコストを負担することになるのかという見通しまで考えておかないと、従来のように、補助金が出るときだけ動くということになってしまうのではないかと懸念されます。今、即答できる話ではないのですが、いずれそういうデータも出していただければと思います。平成25年8月30日に発表された資料「国民の健康寿命が延伸する社会に向けた予防・健康管理に関する取り組みの推進」において、厚生労働省は、2025年までに医療費を5兆円節約すると試算した内訳として、ICT活用による重複受診・重複検査等の防止効果額を約1,000億円としていました。この数字は、私も妥当だと思います。海外での議論を見ても、ICTを利用したから、医療費が全体的に下がっていくという議論はされていないのです。むしろICT投資のメインの目的は質の向上にあるという考え方になっています。それを踏まえて、日本の場合は、最終的に財源をどのくらい見込んで、それをどこが負担するか。最後は保険者が負担すべきではないかというのが、私の考えですけれども、この点についても厚労省の基本的考え方をオープンにしていただければと思います。

（回答者：厚生労働省）

結論から言うと、わからないということなのですが、ただ、技術が進むことで、例えば電子カルテについても、クラウド型の電子カルテみたいなものが実用化されていくことになれば、今、診療報酬改定のたびに、

第2章　医療改革の方向が正しくても的を外せば画餅　53

病院ごとに、改修コストが発生しているというのが、1つのクラウドの
システムの下に、多くの病院がぶら下がるということになれば、そうい
った改修にかかるコストが大幅に縮減できるとか、そういったところも
あるかと思いますので、やらなければいけないこととしては、コストが
かかり過ぎているという現状をどう変えていくか、いかに低コストにし
ていくかということです。

あと、ICTはツールなので、ツールが目的化してはいけないと思ってい
まして、ツールでどう医療を良くしていけるか。患者さんの医療をどう
良くしていくか、質を上げていけるかなど、ICT導入により期待される
利便性なりが上がってくれれば、現場の医師にそれをどんどん導入して
もらえるのだろうと思っていまして、御指摘のとおり、補助金があるか
ら入れようとか、そういう形ではなくて、安く、良いものを普及させて
いく中で、現場レベルでの判断で、活用・導入が進んでいくという形に
もっていかなければいけないと思っております。

第3章

センタラヘルスケアに見る
世界最先端の
地域包括ケアの経営

第1節

地域住民の支持を受け急成長を続けるセンタラヘルスケア

センタラヘルスケアは地域包括ケア大規模事業体

　筆者は、前著『医療・介護改革の深層』において、米国の代表的Integrated Healthcare Network（略称：IHN）であるSentara Healthcare（本部所在地：バージニア州ノーフォーク、以下、センタラヘルスケア）が地域住民の支持を得ながら成長してきた歴史を解説した。**図表3-1**がそのイメージ図である。

　センタラヘルスケアは、全米に約500存在する地域包括ケア大規模事業体であるIHNの一つであり、その経営形態は非営利ホールディングカンパニーである。その組織構造の特徴は、地域住民たちが経営執行最高責任者（Chief Executive Officer）の選出などガバナンス機能を有する理事会メンバーになり、地域医療経営の専門家たちに実務を委任するという点にある。センタラヘルスケアが提供するケアサービスの質が高く収支も健全であることから、従来の医療圏の外にあった地域の住民たちから、彼らのIHNの経営の指定管理者に指名され急成長しているのである。

センタラヘルスケアの財務的特徴

　筆者がセンタラヘルスケアを訪問した2002年の収入は10億ドルであった。**図表3-2**のとおり、それが2016年には51億ドルと14年間で5倍になっている。過去の拙著の繰り返しになるが、その財務を理解する上で重要なポイントは以下のとおりである。

図表3-1 急拡大しているセンタラヘルスケアの医療圏

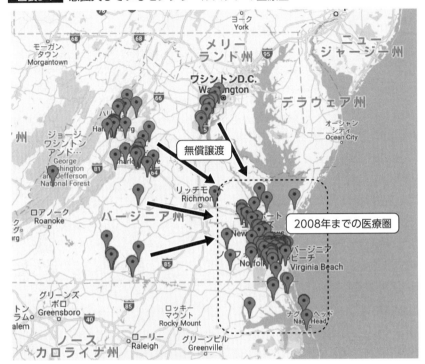

出所：センタラヘルスケアWEBサイトの施設配置図を使い筆者作成

① 営業損益に反映されているのは医療介護サービス提供部門と医療保険部門であり、これに資産運用部門を加えたものが経常損益になる。
② 医療保険子会社の保険加入者には、センタラヘルスケアで受診する者とセンタラヘルスケア以外で受診する者の両方いる。これは、医療保険子会社がセンタラヘルスケアの医療圏を超えて事業展開する成長戦略を進めている影響が大きい。そして、保険加入者がセンタラヘルスケアで受診した場合の医療費は医療保険子会社が給付することになるため、連結財務諸表である**図表3-2**では、その給付額は営業費用に含まれている。
③ したがって、患者サービス収入の大部分は、ライバル保険会社もしくは公的医療保険からの診療報酬である。また、毎期営業利益とほぼ同

図表3-2　センタラヘルスケアの収支構造	（百万ドル）
	2016年12期
①営業収入	5,095
純患者サービス収入（慈善医療等を控除後の診療報酬）	3,475
医療保険料収入	1,479
その他収入	141
②営業費用	4,861
人件費（給与＋福利厚生費）	1,994
保険加入者がセンタラ以外で受診した時の保険給付支払い	1,090
医療材料費	779
減価償却費	210
その他費用	788
③営業利益（①－②）	234
＜同利益率＞	＜4.6％＞
④営業外損益	136
資産運用損益	160
その他損益	▲24
⑤経常利益（③＋④）	370
＜同利益率＞	＜7.3％＞

出所：Sentara Healthcare Consolidated Financial Statements 2016

額の慈善医療等の地域還元を行っており、記載された患者サービス収入は地域還元を控除した後のネットの金額である。

④営業利益とほぼ同額の地域還元を行っているということは、営業利益の約50％を納税していることと同じである。連邦税と州税を合わせた法人税率は約35％であるから、米国の場合、非営利ホールディングカンパニー医療事業体が非課税優遇を受けることに経済的メリットはないと言える。

⑤株式会社病院の場合、利益率の最大化が経営目標になっているのに対して、非営利であるセンタラヘルスケアが予算を作成する時の目標営業利益率は約4％とのことである。2016年の実績値も4.6％であったことに注目していただきたい。

⑥資金使途が決まっていない余裕資金については、内外の株式、国債、社債、不動産等に長期的視点で投資する資産運用を行っている。**図表**

	2016年12月末
総資産	6,686
現預金	643
投資資産	3,245
短期金融商品	72
債券	596
株式	1,254
ヘッジファンド	276
不動産	440
その他	607
診療報酬の未収	469
医療保険料の未収	81
医療施設等の土地、建物、設備など固定資産	1,908
その他資産	340
負債	2,476
純資産	4,181
センタラが支配権を持つ合弁事業の相手方の非支配持分	29

図表3-3 センタラヘルスケアの貸借対照表 （百万ドル）

出所：Sentara Healthcare Consolidated Financial Statements 2016

3-3のとおり、その金額は現預金を除いても32億ドルに達している。そのため、金融市場動向により資産運用損益が大きく振幅する傾向にある。

第2節

医療ICTの定義の変遷とPHR

米国における医療ICTの現状

前著『医療・介護改革の深層』において、医療ICTに関連して次のように記した。

医療ICTを議論する際、EMR（Electronic Medical Record）、EHR（Electronic Health Record）、PHR（Personal Health Record）の3つを明確に区別する必要がある。米国の医療ICT専門書によれば、EMRとは「一つの医療事業体が自らの患者たちの電子診療録をデータベース化したもの」である。日本ではEMRを病院の電子カルテシステムととらえて議論する傾向にあるが、その本質は「経済的利害が一致している同一医療事業体の中で医療チームが情報共有するためのシステム」なのである。EHRは、このEMRを複数束ねて特定患者にリンクさせない形でデータベースを構築、研究や政策に活用する仕組みのことである。PHRは、EMRに蓄積された診療録の編集・管理権限を患者自らがもち、受診先医療機関に情報提示する仕組みである。つまり、EMRがEHRとPHRのインフラなのである。

しかし、2017年5月のセンタラヘルスケア取材を前に米国の営利医療保険会社等における医療ICT用語の使われ方を再確認してみると、上記の区別が必ずしも守られていないように思えた。そこで、センタラヘルスケアにヒヤリングしたところ、以下の情報を得た。

①EHR、EMR、PHRの定義に一貫性がなくなっている。とりわけEHR

とEMRがしばしば混同されて使われている。あえて区別の判断基準を言うとすれば、EHRは「患者が特定できない情報でかつ紙に書かれていない」、EMRは「患者を特定できる電子診療録」、PHRは「患者個人が医療機関や保険会社にアカウントをもつ仕組み」と言える。

②センタラヘルスケアには、医療サービス提供部門のSentara MyChartと保険子会社であるOptimaのMy Optimaという2つのPHRがある。これは、医療サービス提供部門の患者にはOptima以外の保険加入者が多数存在し、Optimaの加入者の中にはセンタラヘルスケア以外の医療機関で受診する者が存在するためである。つまり、2種類のPHRがあるのは、ICTの技術上の問題ではなくマネジメントの観点からである。

③PHRにはさまざまなタイプがある。共通点は、その個人アカウントに蓄積される情報源にはさまざまな医療機関があり、患者本人が付け加える情報もあるということ。

④センタラヘルスケアで医療サービスを受ける患者約150万人のうちSentara MyChartの個人アカウントを開設しているのは現在24万7,000人である。しばしばPHRの利便性が宣伝されるが、意外と普及していない。Sentara MyChartアカウント開設者のうち過去1年間で実際に利用した人も約半分にとどまる。これは、PHRアカウントを開設していない患者であってもIHNでは当該患者の医療チーム内で情報共有がなされ、患者側もIHNのWEBサイトを通じてPHRと同等レベルの利便性を享受できるからである。また、人々は自分の主治医以外の者に診療録を預けることを好まないことも大きな理由だ。

⑤米国の医療事業体の中で例外的にPHR普及に成功しているのは、カイザーである。カイザーの事業モデルの特徴は、医療サービス提供部門と医療保険部門の顧客が100％一致していることにある。つまり、カイザーで受診する患者は原則すべてカイザーの保険加入者であり、カイザーの保険加入者がカイザーの施設以外で受診することは原則ない。したがって、自分のための医療チームの母体であるカイザーの診療録管理に対する保険加入者（＝患者）側の信頼度が高い。その結果、

第3章　センタラヘルスケアに見る世界最先端の地域包括ケアの経営　61

カイザーの保険加入者（＝患者）の約７割がPHRアカウントを開設している模様。

（筆者注：カイザーの概要は2016年時点で保険加入者数1,180万人、収入646億ドル、職員数20万人超、直接雇用医師２万1,275名、病院数38、その他医療拠点数673）

⑥Optimaの保険加入者45万人のうちMy Optimaアカウントを開設している人は約13万人であり普及が遅れている。ただし、アカウント開設できるのが14歳以上という条件があるため、13万人の中には保険加入者の子供で14歳未満が含まれていない。つまり、My Optimaの恩恵を受けている人の数は13万人より多い。

⑦Optimaは非営利医療保険会社であるが、PHRの機能に関しては営利医療保険会社との間に差はない。しかし、営利医療保険会社の場合、医療サービス提供部門をもたず保険加入者の主治医と原則利害が対立する関係にあるため、PHR普及がより困難な状況にある。④で述べたとおり、PHRアカウント開設者の診療録保管者に対する信頼はあくまで主治医にあるのであって保険会社に対してはないのである。

⑧Sentara MyChartは、米国最大の電子カルテシステム会社であるEpicの商品MyChartのセンタラヘルスケアにおける呼称。カイザーもMyChartを採用しているが、その呼称はKaiser My Health Manager。センタラヘルスケアとしては、近々その呼称をSentara MyChartからMy Sentaraに変更する予定。**図表3-4**は、Sentara MyChartアカウント開設者がパソコンやスマートフォンで利用開始する時の画面である。MyChartボタンをクリックすると、Epicのソフトにより過去データの閲覧、予防プログラムからのメッセージなどを見ることができる。医療費支払い事務処理機能が近々付加されることになっている。

⑨米国のIHNの半分以上がEpicの電子カルテシステムを使っているが、米国全体のMyChartの利用者数は、カイザーの保険加入者を除くと数年前で約600万人と多くない。

⑩My Optimaは、EpicではなくWebMDのソフトを使っている。保険会社のPHRであっても電子診療録を見ることができるし、医師と共有

図表3-4 Sentara MyChartの利用開始画面

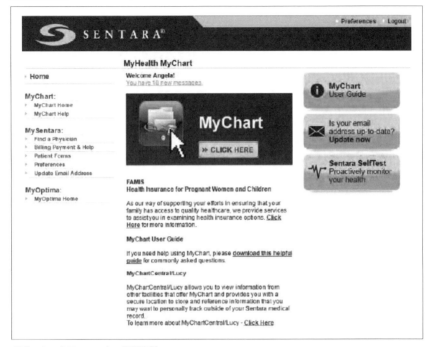

出所：センタラヘルスケア提供資料

するデータを自ら選択することもできる。

第3節

AIと医療

医療にパラダイムシフトが起きつつある

　センタラヘルスケア訪問時の質問項目を作成していた2017年３月２日、Imaging Technology NewsのWEBサイト（https://www.itnonline.com/）で「IBMのAI医療部門であるWatson Healthが世界の医療関連事業体の中から24をパートナーとして選び画像診断プロジェクトを組成した」というニュースに接した。その24事業体の中にセンタラヘルスケアも含まれていたため、AIと医療の最新事情を質問項目に加えた。
　以下がヒヤリング結果の要点である。

①**図表3-5**は、医療にパラダイムシフトが起きつつあることを示している。データ活用の観点から医療の進歩段階を区分すると４つに分けることができる。第１段階はBusiness Intelligence。これは、過去に何が、いつ、どこで起こったのか、費用はいくらだったのか、という過去情報を基に現在の課題解決に努めるレベルのことである。第２段階はFoundational Analytics。これは、現在何が起きているのか、誰が病気なのか、費用はいくらなのか、という現在情報に基づく分析で議論しているレベルを指す。残念ながらセンタラヘルスケアはまだこの段階と自己評価している。第３段階はPredictive & Prescriptive。これは、将来何が起こりそうなのか、誰が病気になりそうか、どの医療機関であれば患者の治療を最適化できそうか、と予測情報に基づく対応である。しかし、AIの登場によって第４段階Cognitive（認知的）な医療に向かわねばならないということがわかった。
（筆者注：弘文堂『ラルース臨床心理学事典』によれば、認知とは、

図表3-5 データ活用から見た医療の進歩段階のイメージ

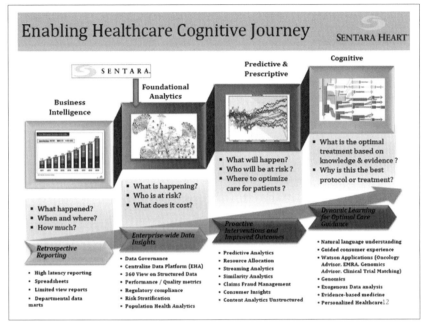

出所:センタラヘルスケア提供資料

　　知覚と記憶と学習から始まり概念形成と論理的推論に至るまでの認識
　が仕上げられる思考のメカニズム)
②IBM Watsonとは既にProject Iasoに取り組み大きな成果を上げている。
　なお、Iasoは語呂合わせでつけた名称であり英語上の意味はない。こ
　のプロジェクトでは、センタラヘルスケアにおける大動脈弁狭窄の
　3,000症例について超音波画像から導かれた診断が正しかったどうか
　をAIに検証させた。その結果は誤診割合が30%という唖然とするも
　のであった(**図表3-6**)。このIasoは近々商品化される。
③このIasoが臨床に出た時の利用料がいくらになるかは不明。プロジェ
　クトの期間、センタラヘルスケアはIBM Watsonから研究協力金を得
　ていた。
④IBM Watsonの研究開発パートナーとして、われわれの基幹病院であ

第3章　センタラヘルスケアに見る世界最先端の地域包括ケアの経営　　65

図表3-6 超音波画像の読影の医師の誤診割合は30%

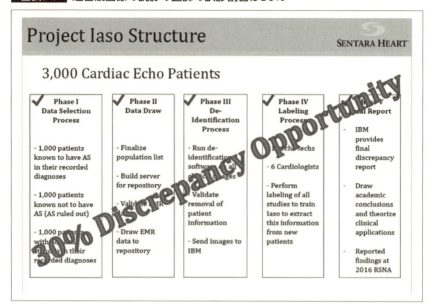

出所：センタラヘルスケア提供資料

るノーフォーク総合病院と同じキャンパス内にあるメディカルスクールEastern Virginia Medical School（EVMS）も選ばれている。IBM Watsonがセンタラヘルスケアと EVMS に協力依頼してきたのは、医療の安全と質の向上に関して名声があること、数百万人規模のPopulation Health（ケアサービス提供とコスト管理の両方を広域で行う仕事）に貢献していること、新しい臨床意思決定支援システムの開発に経験があること、臨床データ解析の能力が高いこと、といった理由である（**図表3-7**）。

⑤**図表3-8**が、今回説明するスライドの中で最も好きなものである。一人の人間の健康状態を評価するために有効な情報には、Clinical data（診療録）、Genomics data（遺伝子情報）、Exogenous data（日常の行動様式、社会経済的背景、生活環境などの外因性情報）の3つがある。そして、現在の医療が大きく依存している診療録が占める貢献度

図表3-7 IBM Watsonがセンタラヘルスケアを選んだ理由

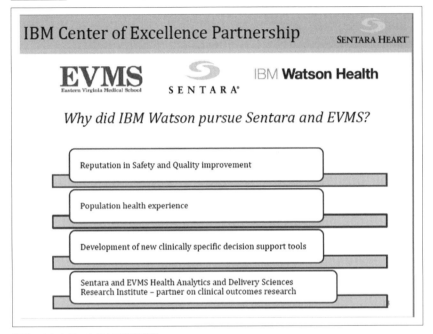

出所：センタラヘルスケア提供資料

割合は10%にすぎない。そして、外因性情報の割合が60%と圧倒的に大きい。日常の行動様式については、例えばクレジットカードの履歴情報があれば食事内容を推計できるし、日々の運動量を記録するソフトもある。AIであれば、これらの雑多で膨大な情報を分析して本人の健康評価につなげることができると期待されている。なお、人間の一生に蓄積される各々の情報量は、診療録が0.4テラバイト、遺伝子情報が6テラバイト、外因性情報が1,100テラバイトと推計されている。

⑥IBM Watsonは、英語をマスターするのに5年かかったが、今では100万冊の本を秒単位で読破、2,500万の医学論文を1週間で理解、医療画像を見て異常を発見できるまでになった。

⑦ただし、IBM Watsonが医師の機能をすべて代替することはないだろ

図表3-8 一人の人間の健康評価情報の構成

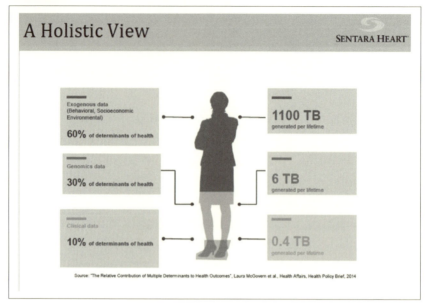

出所：センタラヘルスケア提供資料

う。あくまで医師のサポート役である。しかし、人間である医師がAIを使いこなすことができるようにするためには、医学教育を変革する必要がある。

⑧AIと並ぶ医療進化の方向としてPrecision Medicineが注目されている。個々の患者の遺伝子情報に基づくオーダーメイド医療である。例えば、がんの化学療法の約40％は効果がほとんどない。そこで、遺伝子と化学療法の相性を確認して化学療法の効果を高めるといったことである。しかしながら、現時点では100種類以上あるがんのうち、7つぐらいのがんにしか、この方法が有効であることがわかっていない。また、コスト負担の問題、保険にどのように組み込むのかという壁がある。

第4節

進化を続けるベンチマーキングによる経営改善手法

センタラヘルスケアのベンチマーキング最新事情

筆者は、2005年に出版した『医療改革と統合ヘルスケアネットワーク』において、センタラヘルスケアが実践していたベンチマーキングによる経営と医療の質改善の仕組みを解説した。その後の医療データベース質量の増大と共にベンチマーキング手法が飛躍的に進歩する様子も観察してきた。今回、本書執筆のためにセンタラヘルスケアにおけるベンチマーキングの最新事情について、改めてヒヤリングを行った。そのポイントは以下のとおりである。

①個々の医師の成績表、グループ内の病院間の比較、医療圏の異なる他のIHNとの比較をはじめ、考えつく評価データは何でも作成できる状況にある。ベンチマーキング担当部門の役割は、現場改善の議論に役立つデータを選別し提供することにある。ベンチマーキングの結果は改善すべき課題をピンポイントで教えてくれるが、どのように解決するかは現場の人々が考えねばならない。その意味でベンチマーキングを使って実際の成果を上げるためには、改善を追求し続ける組織カルチャーが最も重要である。そのため、WEBサイトに「We Improve Health Every Day」という標語を掲げている。

②センタラヘルスケアは、自ら評価データを作成するのとは別に、100以上のさまざまな外部のベンチマーキング媒体によって比較評価されている。われわれは各ベンチマーキング媒体の方法の長所・短所を理解した上で活用している。例えば、有名なU.S.News誌の評価項目配点は、風評32.5％、患者生存率32.5％、人員配置・患者数・技術力

第3章 センタラヘルスケアに見る世界最先端の地域包括ケアの経営 69

等の臨床関連指標30％、医療ミス発生率５％と多くの評価項目を使っていることは長所。しかし、風評のウェイトが高いことが短所と考えている。Consumer Reportsは、オリジナル情報がほとんどなく分析手法も稚拙。大企業がスポンサーになっているLeapfrogのベンチマーキングは手法が高度。連邦政府のHospital Compareは、比較範囲が広いが少し雑。

③自分たちの病院の評価をする場合、米国内すべての病院の標準値、トップ25％またはトップ10％の水準、バージニア州における各評価項目の目標値などとの比較を行っている。

④個々の医師の評価については、例えば同じ専門分野の医師たちの中で過去３年間における医療の質とコストの順位をつけることもできる。この成績表は原則本人にしか見せないルールで、成績が劣っていた医師に無料の指導教官をつける仕組み。つまり、ベンチマーキングの目的は医師のスキル向上にある。この考え方による運営に対する信頼が高まった結果、医師の中には自分の成績を同僚医師たちに開示することに同意する者も出始めている。

（筆者注：ダヴィンチで手術を行う外科医について、手術途中でダヴィンチから通常手技手術に変更せざるを得なかった割合等の成績表のスライドを入手したが、文字が小さいため本書での掲載は控えた）

⑤センタラヘルスケアは現在12病院を経営している。この12病院間では医療の質、コスト、収支に関する詳細な比較評価を行っている。また、12病院は病床数、担っている機能が異なるため、全米の類似病院との比較評価も行っている。**図表3-9**は、12病院における合併症発生率の分布の変化を示している。最大値と最小値の差が縮小し標準偏差が小さくなるほど12病院で医療の標準化が進んだことを示す。また、横軸は合併症発生率なので左方向へのシフトが改善を意味する。

⑥**図表3-10**は、12病院全体の患者死亡率の評価である。折れ線グラフが患者重症度を補正していない実際値である。棒グラフのMortality（O/E）Ratioは、実際値を重症度補正した後、目標とするベンチマーク値で割った比率である。補正前の実際値が2012年の2.78％から

図表3-9 センタラヘルスケアの病院間の合併症発生率分布の推移

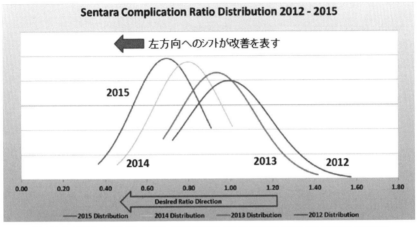

	2012	2013	2014	2015
平均値	0.99	0.93	0.80	0.69
標準偏差	0.20	0.19	0.17	0.16
最小値	0.72	0.68	0.46	0.36
最大値	1.57	1.41	1.01	0.91

出所：センタラヘルスケア提供資料を筆者が翻訳

図表3-10 患者死亡率をベンチマークと比較

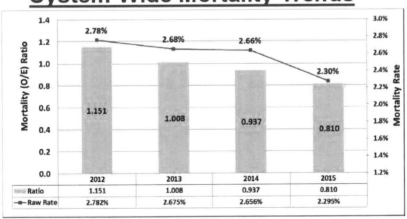

出所：センタラヘルスケア提供資料

図表3-11 他地域のIHNとの院内感染率比較

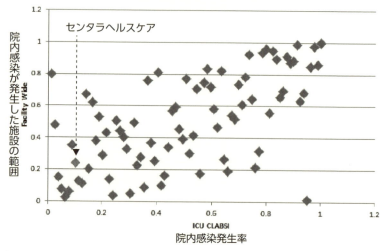

出所：センタラヘルスケア提供資料を筆者が翻訳

2015年の2.30％に大きく低下している。それ以上に重要なことは、ベンチマーク値との比率が2015年に0.810と1以下になったことである。

⑦図表3-11は、医療圏は異なるもののブランド競争している82のIHNでICU患者院内感染率の比較をしたものである。IHN間の比較評価は地域間競争を意味する。センタラヘルスケアは、ICU患者院内感染率を2012年から2015年の期間で半減することに成功した結果、トップ評価の位置にある。

第5節

財源と医療提供体制を一元管理するPopulation Health

Optima Healthのノウハウ

　わが国の医療改革の柱の一つは、財源と医療提供体制の両方の運営責任と権限を都道府県に与える仕組み作りである。このように財源と医療提供体制を一元管理する考え方は、海外でPopulation Healthと呼ばれる医療制度運営の仕組みに近似しており、前著『医療・介護改革の深層』においても、安倍政権が掲げているデータヘルスと比較しつつ解説した。そこで紹介したセンタラヘルスケアの保険子会社であるOptima HealthのPopulation Healthのノウハウが完成版に近づいたということなので、再度ヒヤリングを行った。

①保険加入者の疾病リスクや受診行動の分析、医療費請求書を使って医師のケアの質やコストの分析を行うツールとしてCave Consulting Group（CCG）社のものを採用した。CCGのアプリケーションは、医師のパフォーマンスを同じ条件で比較評価する補正機能が優れている。コストが高くなった理由を患者別、医師別にピンポイントで解明できる。この分析結果をもとに保険加入者に医療を提供した医師たちと改善のための議論を行うのである。**図表3-12**は、307名の整形外科医の成績をプロットしたものである。左上の枠に入っている医師グループが医療の質とコスト効率が共に高く優秀という評価になる。

②Optima側が設定した目標を達成した医師にボーナスを支払う。そのための医師のパフォーマンス評価を詳細に行うツールとしてJvion社のものを採用した。

③ある被保険者集団全体の医療予算を管理するツールは、Edifecs社の

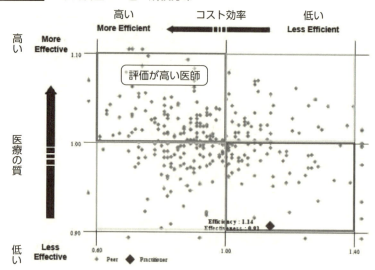

図表3-12 整形外科医307名の成績分布

出所:センタラヘルスケア提供資料を筆者が翻訳

ものを使っている。Optimaは、このEdifecs社と共同でPopulation Healthの下で医師にボーナスを支払う新しい基準を開発した。例えば、団体医療保険に加入しているある企業の職員全員の3年後、5年後の医療費は個々の職員の現在の疾病リスク情報をもとに推計できる。これらの職員に対する予防指導、疾病管理で実際の全体医療費が推計値より下がった場合、その節約額の一部を担当した医師に支払う。ただし、節約額の推計値に対する割合が0.5％以下の場合は全額雇用主である企業に帰属する。節約割合が0.5～10％の場合の節約額の配分は企業75％、医師25％。節約割合が10％を超えた部分の帰属は全額企業。このように節約割合が10％を超えた場合に医師にボーナスを支払わないのは、医師が過少診療に陥るリスクをなくすためである。常識的に考えて、予防指導や疾病管理で医療費が10％以上も減少することはないと考えている。われわれは、3,800名の医師から賛同を得るための協議に3年を費やした。

④地域住民から見た医療へのアクセス向上と医療費節約を目的に、セン

タラヘルスケアでは2013年にeVisit（パソコンやスマートフォンから主治医にメールで受診、その対価を支払う遠隔医療の仕組み）を開始した。しかし、年間患者数が150万人前後の中でeVisit利用件数は2013年177件、2016年387件（うち247件が副鼻腔炎）と惨憺たる状況。不成功の理由の一つは、診療で多忙な主治医がeVisitメールに返答するのに長いタイムラグがあったことである。そこで、eVisit専任担当の医師を配置してみた。それでも１時間に平均1.5件のeVisitしかない。一方で、eVisitを実際に利用した人の89％は"大満足"とのことだった。そこでeVisit利用を飛躍的に高める仕掛けを模索している。ちなみに、eVisit１回当たりの料金は45ドルで、その配分は医師35ドル、センタラヘルスケア６ドル、MDLive社（アプリケーションのベンダー）４ドル。

⑤バージニア州内の専門家で構成するThe Optima Health Pharmacy and Therapeutics Committeeを設置している。この委員会の使命は医療の質を維持しながら薬剤費全体の効率化を図ることであり、月１回開催されて処方薬リストの改定を行っている。米国では多くのジェネリック医薬品の製造会社が１社または２社しかいないという問題がある。これらのジェネリックは Exclusive Genericsと呼ばれている。Exclusive Genericsの価格は、そのブランド薬の価格より10％程度しか安くなっていない。その結果、ジェネリックの処方平均コストが最近数年間で40％も上昇した。しかし、ジェネリック利用率が１％アップすると薬剤費全体が１％近く減少する。そこで、ジェネリックを選択した患者の処方薬患者負担割合を低くするといったインセンティブ、教育プログラム等を通じてジェネリック利用の促進を図っている。

第4章

2015年度財務諸表
集計結果が示唆する
社会福祉法人の課題

改正社会福祉法が形骸化する恐れ

　2016年3月31日に「社会福祉法等の一部を改正する法律」が成立した。その内容は、社会福祉法人制度が抱えている多くの問題に網羅的に対処する大改革である。業界関係者の間には、会計監査人の設置義務法人の範囲がごく一部に限定されたこと、余剰財産の社会還元を義務付ける社会福祉充実計画の期間を原則5年としつつも、最大10年間に延長することが認められたこと等をもって、改正法の影響は軽微と安堵の声が流れている模様である。なぜなら、会計監査人の設置義務法人の範囲は、スタート当初の2017年度では「収益30億円を超える法人又は負債60億円を超える法人」、最終段階である2021年度以降でも「収益10億円を超える法人又は負債20億円を超える法人」であり、該当するのは社会福祉法人全体の1割にも満たない上に、社会福祉充実計画の期間として10年が認められるのであれば、毎年経常利益率が10%を超え既に年間事業費用額以上の純金融資産（金融資産マイナス借入金）を保有している社会福祉法人の場合、余剰財産が減少することはないからである。

　筆者は、社会保障審議会福祉部会において各業界団体出身委員たちが既得権益を守るための抗弁を繰り返していることに接し、改正法が実質的に形骸化されることを予想していた。しかし、筆者が今回の改革で最大目標にしていたのは、約2万すべての社会福祉法人（うち施設経営している事業体は約1万8,000と推計される）の財務諸表のデータベースを構築することにあった。筆者は、2011年7月と2016年3月の2回、日本経済新聞「経済教室」に、非課税優遇を受けている社会福祉法人の経常利益率が法人税を支払っている医療法人より恒常的に高いこと、内部留保が巨額にのぼり金融資産から借入金を控除した純金融資産が施設経営社会福祉法人1万8,000法人全体で2兆円を超えるといった推計値を発表した。これに対して業界団体や社会福祉経営者から"事実無根"という反論をしばしば聞いた。しかし、彼らは社会福祉法人全体の財務諸表を眺めてみるという努力をしたことがないのである。財務諸表の全国データベースができれば、この無意味な論争に終止符が打たれ、筆者が

正しいことが明白になる。

社会福祉法人の財務諸表集計分析の要点

そこで次の課題は、データベースの分析手法と国民への情報開示のあり方である。国が作るデータベースの対象になるのは2016年度財務諸表からである。

そこで、6,187法人の2015年度財務諸表を集計分析、そのヒントを模索してみた。この6,187法人は、全国社会福祉法人経営者協議会WEBサイト「法人情報」に名前が出ている社会福祉法人7,444のうち集計可能な形式で貸借対照表と事業活動計算書を開示している事業体に、同協議会非会員であっても筆者が法人名を把握していた事業体を加えたものである。

ただし、事業規模が別格に大きい済生会と聖隷福祉事業団は集計データ平均値に与える影響が大きいので除外した。また、6,187法人はすべて施設経営をしている事業体であり、施設経営をしていない社会福祉法人は集計対象にしていない。以下がその要点である。

①**図表4-1**のとおり、集計した6,187法人の合計経常利益は2,000億円、純金融資産は１兆2,440億円である。これは、残りの施設経営社会福祉法人の事業規模が３分の１だとしても、施設経営社会福祉法人約１万8,000法人全体で経常利益が3,000億円超、純金融資産が２兆円超であることを意味する。

②2015年度の平均経常利益率は4.1％であり、第１章**図表1-5**（17ページ）で示した社会医療法人の2.9％より高い。そして、施設種類ごとに平均経常利益率に格差がある。**図表4-2**のように平均経常利益率を2014年度と2015年度で比べてみると、施設種類ごとの利益率格差に大きな構造変化があったことを確認できる。

高齢専業の経常利益率が3.9％から2.4％に低下したのは、2015年４月の介護報酬引き下げの影響である。注目すべきは、保育専業の経常

図表4-1 社会福祉法人の2015年度財務諸表集計結果

	集計 法人数	収入 A （十億円）	費用 B （十億円）	経常利益 C （十億円）	経常利益率 C÷A （%）
高齢専業	2,142	1,512	1,464	36.3	2.4
保育専業	991	235	219	17.6	7.5
障害専業	1,008	451	425	29.7	6.6
児童専業	152	40	37	3.6	9.0
児童保育	94	46	43	3.5	7.6
高齢保育	335	346	330	15.9	4.6
高齢障害	606	674	649	25.5	3.8
障害と保育 または児童	233	187	174	14.4	7.7
その他施設	24	5	5	0.2	4.2
複合体	602	1,436	1,388	53.2	3.7
全体合計	6,187	4,932	4,733	200	4.1

	総資産 （十億円）	純資産 （十億円）	金融資産 D （十億円）	借入金 E （十億円）	純金融資産 F=D-E （十億円）	純金融資産 対費用倍率 F÷B （倍）
高齢専業	3,977	3,053	936	730	207	0.14
保育専業	435	362	123	43	80	0.37
障害専業	1,044	910	341	59	282	0.66
児童専業	90	79	27	5	21	0.58
児童保育	91	79	28	6	22	0.51
高齢保育	850	614	182	189	▲7	▲0.02
高齢障害	1,574	1,213	387	260	126	0.19
障害と保育 または児童	417	354	126	30	96	0.55
その他施設	15	13	5	1	4	0.68
複合体	2,988	2,328	810	397	412	0.30
全体合計	11,481	9,004	2,965	1,721	1,244	0.26

（注1） 社会福祉法人会計用語で説明すると上記項目のうち「収入＝サービス活動収益」、「費用＝サービス活動費用」、「経常利益＝経常増減差額」、「金融資産＝現預金＋投資有価証券＋積立金」（退職給付関連積立金は除き、生命保険積立金は含む）
（注2） 「障害と保育または児童」は障害者施設に加えて保育所または児童施設を兼営している法人
（注3） 四捨五入のため合計は必ずしも一致しない。以下、すべて同じ

図表4-2 2014年度と2015年度の経常利益率比較

	2014年度		2015年度	
	集計法人数	経常利益率	集計法人数	経常利益率
高齢専業	2,001	3.9%	2,142	2.4%
保育専業	760	4.9%	991	7.5%
障害専業	869	7.0%	1,008	6.6%
児童専業	312	3.7%	152	9.0%
児童保育			94	7.6%
高齢保育	252	4.6%	335	4.6%
高齢障害	521	4.3%	606	3.8%
障害と保育または児童	218	7.1%	233	7.7%
その他施設	580	3.7%	24	4.2%
複合体			602	3.7%
全体	5,513	4.4%	6,187	4.1%

（注1）2014年度財務諸表集計作業では、児童専業と児童保育兼営を区別せず、その他施設を残余
として複合体の中に含めて計算していた
（注2）児童専業と児童保育の集計法人数が2014年度312から2015年度246（152＋94）と減って
いるのは、2014年度の施設分類を全国社会福祉法人経営者協議会WEBサイトで各法人が自
己申告している内容に準拠させたのに対して、2015年度の施設分類では事業活動収支計算
書に記載されている実際の収入構成と照らし合わせた結果の影響である。自己申告で児童も
しくは児童保育となっていたが、事業活動収支計算書には保育事業収入のみで児童福祉事業
収入がない法人がかなり存在した

利益率が4.9％から7.5％にジャンプしていることである。保育士確保
のための国からの補助金増額は2017年4月からであるから、国の補
助金増額の前に自治体が補助金増額をしたものの、それが職員給費引
き上げに使われず内部留保に回されたのではないかと疑われる。そし
て、平均経常利益率7.5％は保育士給与引き上げ財源が社会福祉法人
自体にあることを意味する。児童専業、児童保育の平均経常利益率が、
2014年度の3.7％から児童専業9.0％、児童保育7.6％に急上昇した
理由も解明が必要である。

一方、複合体の平均経常利益率は3.7％と不変であり、異なる福祉ニ
ーズに積極的に取り組んでいる複合体の経営が安定していることを示
唆している。

③**図表4-1**には、社会福祉充実計画作成の前提となる余剰資金の有無を

施設種類別に観察するために、金融資産から借入金を控除した純金融資産が年間費用の何倍あるかを算出した結果「純金融資産対費用倍率」も示されている。障害専業と児童専業の倍率が、それぞれ0.66倍、0.58倍と高いことが見てとれる。

④**図表4-3**は、純金融資産の対費用倍率が高く、その社会福祉充実計画

図表4-3 社会福祉充実計画の内容が注目される社会福祉法人の例

法人名	所在地	施設種類	純金融資産 (百万円)	純金融資産 の対費用 (倍率)	収入 (百万円)	経常 利益率
白珠会	宮城県	高齢専業	1,161	7.1倍	226	29.9%
小松島敬和会	徳島県	高齢専業	1,754	6.8倍	321	20.5%
託麻会	熊本県	障害専業	2,330	6.3倍	618	41.0%
福岡白百合会	福岡県	高齢専業	4,090	6.1倍	846	20.6%
美咲会	山梨県	高齢障害	2,774	5.8倍	542	12.9%
長和会	長崎県	高齢専業	1,824	5.7倍	369	16.0%
吉美会	岡山県	高齢専業	2,993	5.7倍	611	14.4%
岐阜老人ホーム	岐阜県	高齢専業	2,572	5.4倍	564	17.2%
大和桜井園	奈良県	高齢専業	2,269	5.2倍	583	26.3%
立野福祉会	富山県	高齢障害	2,360	5.2倍	572	21.2%
東光会	広島県	高齢専業	5,391	5.1倍	1,248	25.8%
六親福祉会	佐賀県	高齢専業	1,143	4.5倍	332	25.3%
汀（みぎわ）会	滋賀県	障害専業	1,498	4.5倍	460	31.2%
亀保の里	福岡県	高齢専業	1,525	4.4倍	375	10.0%
杏林会	青森県	高齢専業	1,402	4.1倍	474	28.4%
アルーラ福祉会	兵庫県	障害専業	738	4.1倍	237	24.1%
曙会	京都府	保育専業	643	4.0倍	185	14.6%
ライフネット	奈良県	障害専業	765	3.9倍	280	33.4%
紫峰会	茨城県	障害専業	697	3.7倍	243	24.4%
西室苑	徳島県	障害専業	630	3.7倍	264	36.4%
賢儀天寿会	沖縄県	高齢保育	1,873	3.7倍	568	12.0%
共働学舎	東京都	障害専業	2,097	3.6倍	759	33.5%
埼玉医療福祉会	埼玉県	複合体	30,222	3.4倍	10,474	15.9%
愛寿会	愛媛県	高齢専業	8,695	3.4倍	3,451	26.0%
こころみる会	栃木県	障害専業	1,798	3.0倍	727	18.3%

（注）施設種類の分類は2015年度の事業活動収支計算書等から筆者が判断。したがって、2016年度以降に他分野施設に投資したことは反映していない

の内容が注目される社会福祉法人の財務データである。筆者は、これらの社会福祉法人の経営者の能力は高いと評価している。地域包括ケアの主役は社会福祉法人であり、その役割はますます高まるのであるから、福祉ニーズに積極的に応える奮起をお願いしたい。

⑤一方、**図表4-4**は、借入金で福祉施設建設を行い福祉ニーズに積極的

図表4-4 借入金で福祉ニーズに積極的に応えている上に黒字経営の社会福祉法人の例

法人名	所在地	施設種類	純金融資産(百万円)	純金融資産の対費用(倍率)	収入(百万円)	経常利益率
和会	群馬県	高齢専業	▲1,363	▲2.8倍	517	3.2%
聖愛会	茨城県	高齢保育	▲835	▲1.8倍	636	26.2%
やまとみらい福祉会	宮城県	複合体	▲813	▲1.7倍	487	5.9%
サンライフ	愛知県	高齢保育	▲12,518	▲1.7倍	8,080	6.8%
兼愛会	千葉県	高齢専業	▲4,484	▲1.6倍	2,827	3.6%
千寿会	神奈川県	高齢専業	▲1,279	▲1.5倍	850	2.7%
桐和会	埼玉県	高齢専業	▲2,968	▲1.3倍	2,524	9.2%
敬寿会	山形県	高齢専業	▲4,559	▲1.2倍	4,042	0.6%
城陽福社会	京都府	高齢保育	▲1,442	▲1.0倍	1,516	5.6%
恵愛園	兵庫県	障害児童	▲368	▲1.0倍	424	11.0%
佐久平福祉会	長野県	高齢専業	▲1,391	▲0.9倍	1,572	4.7%
元気村	埼玉県	高齢障害	▲5,041	▲0.9倍	5,762	1.0%
青森社会福祉振興団	青森県	高齢専業	▲1,149	▲0.9倍	1,388	2.2%
信和会	青森県	複合体	▲1,436	▲0.8倍	1,887	1.8%
徳充会	石川県	高齢障害	▲1,998	▲0.7倍	2,940	6.0%
敬仁会	鳥取県	複合体	▲3,907	▲0.7倍	6,868	13.0%
カトリック児童福祉会	宮城県	高齢保育	▲1,115	▲0.7倍	1,581	3.4%
ふるさと自然村	高知県	複合体	▲2,119	▲0.5倍	4,135	6.1%
晴山会	千葉県	高齢障害	▲1,454	▲0.4倍	4,440	6.6%
長岡福祉協会	新潟県	複合体	▲2,652	▲0.2倍	12.542	3.2%
こうほうえん	鳥取県	複合体	▲2,195	▲0.2倍	12,009	4.9%

（注）施設種類の分類は2015年度の事業活動収支計算書等から筆者が判断。したがって、2016年度以降に他分野施設に投資したことは反映していない

に応え、かつ黒字経営をしている社会福祉法人の例である。社会福祉法人経営者から「将来の施設建設を全額自己資金で行えるように積み立てている」と、過剰余剰資金を正当化する声をしばしば耳にする。しかし、ここに示した模範経営をしている社会福祉法人の経営行動から明らかなように、社会福祉法人が黒字を維持しつつ成長していくために全額自己資金である必要はないのである。そして、データベースをもとにこれらの模範経営社会福祉法人に財源を重点配分する方法を考案、実行すべきである。

⑥図表4-5は、都道府県別に社会福祉法人全体の平均経常利益率を示している。図表4-6から図表4-15は、その施設種類別データである。都道府県の中で社会福祉法人全体の平均経常利益率が一番高いのは愛媛県である。その最大の要因は、高齢専業社会福祉法人29法人の平均経常利益率が10%（前年度は24法人平均で12.9%）と信じがたい水準だからである。

⑦保育士不足が言われる首都圏において、保育専業社会福祉法人の平均経常利益率が、茨城県12.5%、埼玉県9.0%、東京都7.2%、神奈川県5.9%、千葉県0.6%とバラツキが大きいことが注目される（図表4-7）。また、障害専業社会福祉法人の平均経常利益率が10%超の都道府県が、秋田県13.3%、茨城県11.9%、富山県10.6%、福井県10.8%、徳島県12.6%、愛媛県11.0%、長崎県10.0%、熊本県11.9%と8つもある（図表4-8）。その障害に高齢を兼営する社会福祉法人は、香川県が10法人平均で13.5%である（図表4-12）。

複合体社会福祉法人では、栃木県が8法人平均で13.5%、長崎県が15法人平均で10.0%と高いことが際立つ（図表4-15）。

図表4-16から図表4-62（92～138ページ）に都道府県別の詳細データを記したので、ぜひご覧いただきたい。

なお、社会保障審議会福祉部会で余剰資金を使った社会福祉充実計画の内容等を議論した際、施設経営をしていない社会福祉法人については対象にしていなかった。しかし、財務諸表データベースはすべての社会

福祉法人が含まれるのであり、業界団体である社会福祉協議会の中には施設経営をしていなくても多額の金融資産を保有している組織が存在する。したがって、施設経営をしていない社会福祉法人の財務内容の評価や監査のあり方等についても基準を明らかにする必要があると思われる。

図表4-5 社会福祉法人の平均経常利益率の都道府県比較 (%)

北海道 (247)	2.7	長野 (86)	3.8	鳥取 (47)	4.8
青森 (153)	5.4	静岡 (145)	3.1	島根 (96)	3.5
秋田 (80)	5.0	愛知 (260)	5.3	山口 (129)	4.3
岩手 (121)	4.2	岐阜 (82)	6.0	香川 (85)	5.8
宮城 (87)	2.2	富山 (111)	4.4	徳島 (81)	5.6
山形 (80)	3.3	石川 (108)	3.5	愛媛 (94)	7.5
福島 (132)	2.9	福井 (79)	5.5	高知 (66)	4.3
茨城 (139)	6.7	三重 (135)	2.3	福岡 (184)	4.2
栃木 (94)	7.0	京都 (151)	2.3	佐賀 (79)	5.5
群馬 (175)	4.3	滋賀 (91)	3.0	長崎 (131)	5.9
埼玉 (164)	5.3	奈良 (93)	5.0	大分 (112)	3.4
東京 (188)	3.0	和歌山 (61)	5.2	熊本 (185)	5.9
神奈川 (238)	2.7	大阪 (330)	3.9	宮崎 (132)	4.7
千葉 (124)	3.5	兵庫 (253)	4.8	鹿児島 (169)	4.6
山梨 (70)	1.9	岡山 (154)	2.6	沖縄 (91)	5.3
新潟 (107)	2.7	広島 (168)	5.4	全国 (6,187)	4.1

（注）（　）内は集計法人数

図表4-6 高齢専業社会福祉法人の平均経常利益率の都道府県比較　　(%)

北海道 (77)	0.3	長野 (33)	0.7	鳥取 (16)	4.1
青森 (39)	3.4	静岡 (39)	1.0	島根 (34)	2.5
秋田 (30)	2.7	愛知 (57)	4.3	山口 (57)	3.8
岩手 (52)	1.7	岐阜 (35)	6.5	香川 (34)	0.9
宮城 (30)	▲1.6	富山 (35)	1.9	徳島 (23)	5.8
山形 (30)	2.8	石川 (32)	2.1	愛媛 (29)	10.0
福島 (60)	▲0.4	福井 (28)	5.4	高知 (18)	2.2
茨城 (49)	4.9	三重 (53)	0.5	福岡 (71)	3.3
栃木 (33)	1.4	京都 (41)	0.1	佐賀 (34)	1.8
群馬 (76)	4.3	滋賀 (36)	1.7	長崎 (54)	1.9
埼玉 (74)	3.2	奈良 (31)	1.6	大分 (44)	1.3
東京 (58)	1.6	和歌山 (20)	3.1	熊本 (70)	4.3
神奈川 (81)	1.3	大阪 (65)	2.0	宮崎 (47)	1.8
千葉 (55)	2.0	兵庫 (73)	3.5	鹿児島 (69)	2.0
山梨 (28)	0.0	岡山 (59)	▲0.4	沖縄 (23)	1.3
新潟 (41)	1.9	広島 (69)	4.0	全国 (2,142)	2.4

（注）（　）内は集計法人数

図表4-7 保育専業社会福祉法人の平均経常利益率の都道府県比較　　(%)

北海道 (13)	6.9	長野 (1)	▲1.6	鳥取 (5)	1.9
青森 (43)	9.3	静岡 (34)	5.1	島根 (4)	16.0
秋田 (20)	5.6	愛知 (64)	5.8	山口 (10)	6.2
岩手 (21)	9.5	岐阜 (8)	12.2	香川 (14)	5.6
宮城 (6)	3.5	富山 (43)	10.5	徳島 (21)	8.1
山形 (9)	9.3	石川 (25)	5.8	愛媛 (25)	3.1
福島 (12)	6.2	福井 (24)	7.5	高知 (3)	3.8
茨城 (15)	12.5	三重 (7)	7.1	福岡 (14)	4.9
栃木 (9)	6.9	京都 (34)	6.9	佐賀 (9)	9.5
群馬 (26)	6.8	滋賀 (14)	7.4	長崎 (6)	5.8
埼玉 (19)	9.0	奈良 (17)	9.6	大分 (6)	8.4
東京 (30)	7.2	和歌山 (12)	9.9	熊本 (33)	6.9
神奈川 (42)	5.9	大阪 (93)	8.5	宮崎 (39)	8.7
千葉 (8)	0.6	兵庫 (45)	12.1	鹿児島 (14)	8.5
山梨 (17)	0.2	岡山 (31)	6.6	沖縄 (22)	7.0
新潟 (6)	2.8	広島 (18)	9.5	全国 (991)	7.5

（注）（　）内は集計法人数

図表4-8 障害専業社会福祉法人の平均経常利益率の都道府県比較 (%)

北海道 (40)	6.0	長野 (17)	4.6	鳥取 (7)	3.9
青森 (19)	8.3	静岡 (17)	7.2	島根 (6)	8.0
秋田 (8)	13.3	愛知 (56)	7.0	山口 (24)	5.3
岩手 (18)	7.7	岐阜 (13)	6.3	香川 (13)	6.3
宮城 (15)	1.8	富山 (10)	10.6	徳島 (12)	12.6
山形 (9)	6.3	石川 (19)	9.1	愛媛 (10)	11.0
福島 (22)	5.1	福井 (8)	10.8	高知 (18)	6.6
茨城 (26)	11.9	三重 (34)	6.2	福岡 (43)	7.8
栃木 (23)	8.5	京都 (33)	1.9	佐賀 (15)	6.5
群馬 (34)	5.6	滋賀 (21)	4.8	長崎 (20)	10.0
埼玉 (28)	6.6	奈良 (14)	9.0	大分 (20)	7.5
東京 (22)	4.7	和歌山 (15)	8.2	熊本 (34)	11.9
神奈川 (29)	3.8	大阪 (43)	4.0	宮崎 (17)	9.0
千葉 (24)	8.0	兵庫 (35)	3.8	鹿児島 (27)	7.5
山梨 (10)	3.9	岡山 (16)	2.5	沖縄 (19)	9.8
新潟 (17)	7.0	広島 (28)	9.8	全国 (1,008)	6.6

(注)（ ）内は集計法人数

図表4-9 児童専業社会福祉法人の平均経常利益率の都道府県比較 (%)

北海道 (6)	6.6	長野 (8)	14.6	鳥取 (3)	2.6
青森 (1)	18.9	静岡 (3)	5.4	島根 (2)	11.2
秋田 (0)	-	愛知 (11)	6.2	山口 (6)	9.5
岩手 (1)	16.1	岐阜 (5)	10.2	香川 (1)	12.0
宮城 (2)	7.5	富山 (1)	7.4	徳島 (4)	11.0
山形 (2)	12.7	石川 (1)	6.6	愛媛 (3)	8.9
福島 (1)	19.0	福井 (1)	13.6	高知 (3)	8.3
茨城 (5)	7.4	三重 (5)	20.1	福岡 (1)	6.9
栃木 (1)	13.5	京都 (3)	9.5	佐賀 (3)	11.1
群馬 (2)	12.0	滋賀 (3)	11.6	長崎 (3)	17.6
埼玉 (2)	7.5	奈良 (3)	6.9	大分 (4)	8.4
東京 (3)	6.2	和歌山 (0)	-	熊本 (6)	7.7
神奈川 (11)	5.0	大阪 (6)	9.2	宮崎 (1)	14.0
千葉 (2)	11.7	兵庫 (10)	8.0	鹿児島 (4)	9.9
山梨 (0)	-	岡山 (5)	5.3	沖縄 (0)	-
新潟 (1)	9.2	広島 (3)	8.5	全国 (152)	9.0

(注)（ ）内は集計法人数

図表4-10 児童保育社会福祉法人の平均経常利益率の都道府県比較　　(%)

北海道 (3)	6.8	長野 (0)	-	鳥取 (1)	2.2
青森 (3)	8.4	静岡 (4)	8.8	島根 (0)	-
秋田 (2)	9.4	愛知 (4)	▲1.6	山口 (0)	-
岩手 (0)	-	岐阜 (0)	-	香川 (1)	7.3
宮城 (1)	10.5	富山 (1)	▲1.8	徳島 (2)	11.4
山形 (0)	-	石川 (5)	4.9	愛媛 (2)	5.4
福島 (1)	11.2	福井 (1)	▲2.8	高知 (2)	10.4
茨城 (2)	10.0	三重 (1)	5.1	福岡 (4)	4.9
栃木 (1)	4.7	京都 (7)	7.6	佐賀 (0)	-
群馬 (1)	11.5	滋賀 (1)	9.2	長崎 (3)	12.6
埼玉 (0)	-	奈良 (1)	9.3	大分 (2)	8.7
東京 (10)	6.4	和歌山 (1)	15.6	熊本 (1)	11.0
神奈川 (4)	8.8	大阪 (5)	9.4	宮崎 (0)	-
千葉 (1)	3.1	兵庫 (12)	8.4	鹿児島 (2)	9.9
山梨 (0)	-	岡山 (1)	7.7	沖縄 (0)	-
新潟 (0)	-	広島 (1)	14.3	全国 (94)	7.6

（注）（　）内は集計法人数

図表4-11 高齢保育社会福祉法人の平均経常利益率の都道府県比較　　(%)

北海道 (9)	5.1	長野 (3)	6.2	鳥取 (3)	0.7
青森 (10)	8.6	静岡 (5)	3.0	島根 (15)	4.2
秋田 (4)	9.6	愛知 (17)	5.8	山口 (2)	4.9
岩手 (8)	3.7	岐阜 (3)	5.7	香川 (7)	10.0
宮城 (5)	1.0	富山 (4)	2.3	徳島 (0)	-
山形 (4)	3.5	石川 (6)	4.6	愛媛 (3)	8.7
福島 (6)	5.2	福井 (5)	4.4	高知 (4)	0.7
茨城 (15)	8.4	三重 (6)	▲1.9	福岡 (9)	3.8
栃木 (5)	5.5	京都 (6)	5.1	佐賀 (2)	▲0.4
群馬 (10)	3.8	滋賀 (3)	3.4	長崎 (11)	▲2.3
埼玉 (11)	4.4	奈良 (4)	4.1	大分 (4)	7.6
東京 (7)	1.0	和歌山 (2)	4.4	熊本 (6)	1.4
神奈川 (18)	2.4	大阪 (32)	4.6	宮崎 (5)	7.2
千葉 (6)	0.9	兵庫 (17)	7.5	鹿児島 (1)	▲0.6
山梨 (1)	3.1	岡山 (11)	6.8	沖縄 (9)	7.3
新潟 (4)	1.3	広島 (7)	4.5	全国 (335)	4.6

（注）（　）内は集計法人数

図表4-12 高齢障害社会福祉法人の平均経常利益率の都道府県比較　　　　(%)

北海道 (56)	2.7	長野 (12)	4.4	鳥取 (4)	0.6
青森 (17)	5.2	静岡 (17)	2.0	島根 (14)	2.0
秋田 (10)	5.0	愛知 (17)	5.1	山口 (19)	5.8
岩手 (9)	4.3	岐阜 (7)	3.1	香川 (10)	13.5
宮城 (13)	4.8	富山 (8)	2.0	徳島 (10)	2.7
山形 (19)	3.9	石川 (8)	5.4	愛媛 (5)	6.8
福島 (11)	4.0	福井 (3)	5.7	高知 (11)	5.0
茨城 (9)	4.9	三重 (8)	1.8	福岡 (20)	3.0
栃木 (6)	9.3	京都 (7)	2.3	佐賀 (5)	9.5
群馬 (13)	2.1	滋賀 (8)	1.8	長崎 (12)	2.9
埼玉 (12)	2.3	奈良 (8)	7.9	大分 (18)	0.8
東京 (11)	4.4	和歌山 (5)	2.1	熊本 (13)	6.3
神奈川 (15)	1.3	大阪 (23)	4.8	宮崎 (10)	7.4
千葉 (10)	2.9	兵庫 (21)	2.9	鹿児島 (21)	1.8
山梨 (10)	9.1	岡山 (13)	1.0	沖縄 (8)	5.0
新潟 (24)	2.7	広島 (16)	4.6	全国 (606)	3.8

(注) (　) 内は集計法人数

図表4-13 障害と保育または児童社会福祉法人の平均経常利益率の都道府県比較 (%)

北海道 (19)	6.5	長野 (5)	11.0	鳥取 (0)	-
青森 (4)	7.1	静岡 (3)	6.5	島根 (6)	5.7
秋田 (2)	7.6	愛知 (6)	18.5	山口 (2)	11.8
岩手 (4)	4.5	岐阜 (3)	3.6	香川 (0)	-
宮城 (3)	5.2	富山 (1)	10.3	徳島 (3)	7.5
山形 (1)	23.0	石川 (1)	17.5	愛媛 (6)	6.0
福島 (5)	14.0	福井 (3)	3.1	高知 (2)	8.4
茨城 (7)	13.2	三重 (7)	3.0	福岡 (9)	9.1
栃木 (8)	10.5	京都 (1)	7.9	佐賀 (2)	12.9
群馬 (2)	5.8	滋賀 (1)	4.0	長崎 (7)	12.3
埼玉 (4)	▲0.3	奈良 (6)	9.7	大分 (2)	12.7
東京 (4)	2.3	和歌山 (0)	-	熊本 (8)	5.9
神奈川 (18)	4.0	大阪 (15)	4.2	宮崎 (4)	16.6
千葉 (4)	22.8	兵庫 (9)	5.9	鹿児島 (16)	9.3
山梨 (1)	3.9	岡山 (6)	13.2	沖縄 (4)	7.0
新潟 (1)	4.3	広島 (8)	8.9	全国 (233)	7.7

(注) (　) 内は集計法人数

図表4-14 その他社会福祉法人の平均経常利益率の都道府県比較　　　　　　　　　(%)

北海道（1）	7.3	長野（1）	▲25.3	鳥取（0）	-
青森（0）	-	静岡（1）	9.0	島根（1）	4.9
秋田（0）	-	愛知（2）	▲0.8	山口（0）	-
岩手（0）	-	岐阜（0）	-	香川（0）	-
宮城（0）	-	富山（0）	-	徳島（0）	-
山形（1）	3.2	石川（0）	-	愛媛（0）	-
福島（0）	-	福井（0）	-	高知（1）	▲0.4
茨城（0）	-	三重（1）	7.0	福岡（0）	-
栃木（0）	-	京都（0）	-	佐賀（1）	11.7
群馬（0）	-	滋賀（0）	-	長崎（0）	-
埼玉（1）	14.9	奈良（0）	-	大分（1）	5.0
東京（0）	-	和歌山（0）	-	熊本（4）	6.1
神奈川（2）	9.2	大阪（1）	▲0.1	宮崎（0）	-
千葉（0）	-	兵庫（4）	4.8	鹿児島（0）	-
山梨（0）	-	岡山（0）	-	沖縄（0）	-
新潟（0）	-	広島（1）	1.8	全国（24）	4.2

（注）（　）内は集計法人数

図表4-15 複合体社会福祉法人の平均経常利益率の都道府県比較　　　　　　　　　(%)

北海道（23）	1.7	長野（6）	2.9	鳥取（8）	5.6
青森（17）	4.8	静岡（22）	3.7	島根（14）	3.1
秋田（4）	3.7	愛知（26）	4.9	山口（9）	2.5
岩手（8）	6.2	岐阜（8）	4.9	香川（5）	2.8
宮城（12）	3.4	富山（8）	4.0	徳島（6）	3.3
山形（5）	0.8	石川（11）	1.4	愛媛（11）	5.4
福島（14）	4.2	福井（6）	4.4	高知（4）	4.9
茨城（11）	4.3	三重（13）	3.5	福岡（13）	2.2
栃木（8）	13.5	京都（19）	2.0	佐賀（8）	7.7
群馬（11）	4.2	滋賀（4）	2.8	長崎（15）	10.0
埼玉（13）	9.6	奈良（9）	5.3	大分（11）	5.0
東京（43）	2.8	和歌山（6）	5.9	熊本（10）	5.7
神奈川（18）	2.9	大阪（47）	2.9	宮崎（9）	2.9
千葉（14）	2.5	兵庫（27）	4.3	鹿児島（15）	7.3
山梨（3）	▲5.4	岡山（12）	2.5	沖縄（6）	5.4
新潟（13）	2.6	広島（17）	5.0	全国（602）	3.7

（注）（　）内は集計法人数

47都道府県別
社会福祉法人
2015年度財務諸表集計結果

図表4-16 北海道

	集計法人数	収入 A (百万円)	費用 B (百万円)	経常損益 C (百万円)	経常利益率 C÷A (%)
高齢専業	77	42,577	42,434	115	0.3
保育専業	13	3,311	3,102	229	6.9
障害専業	40	19,282	18,275	1,163	6.0
児童専業	6	1,117	1,060	73	6.6
児童保育	3	1,740	1,624	119	6.8
高齢保育	9	10,156	9,686	513	5.1
高齢障害	56	76,709	74,860	2,063	2.7
障害と保育 または児童	19	27,019	25,372	1,762	6.5
その他施設	1	279	259	20	7.3
複合体	23	107,063	105,529	1,831	1.7
全体合計	247	289,254	282,200	7,888	2.7

	総資産 (百万円)	純資産 (百万円)	金融資産 D (百万円)	借入金 E (百万円)	純金融資産 F=D-E (百万円)	純金融資産 対費用倍率 F÷B (倍)
高齢専業	108,630	74,064	20,052	25,866	▲5,814	▲0.14
保育専業	5,096	3,922	1,488	723	765	0.25
障害専業	44,199	38,189	14,988	2,444	12,544	0.69
児童専業	2,730	2,458	1,023	92	930	0.88
児童保育	3,300	2,679	690	306	384	0.24
高齢保育	24,012	18,756	5,667	3,571	2,096	0.22
高齢障害	162,779	110,307	29,917	39,466	▲9,549	▲0.13
障害と保育 または児童	50,637	42,500	15,417	3,002	12,415	0.49
その他施設	797	625	154	135	18	0.07
複合体	180,956	111,190	52,576	38,142	14,434	0.14
全体合計	583,138	404,690	141,971	113,748	28,223	0.10

図表4-17 青森県

	集計法人数	収入 A (百万円)	費用 B (百万円)	経常損益 C (百万円)	経常利益率 C÷A (%)
高齢専業	39	27,666	26,699	930	3.4
保育専業	43	6,217	5,660	580	9.3
障害専業	19	6,466	5,961	539	8.3
児童専業	1	199	164	38	18.9
児童保育	3	909	837	76	8.4
高齢保育	10	7,452	6,840	638	8.6
高齢障害	17	14,027	13,336	734	5.2
障害と保育または児童	4	2,103	1,954	150	7.1
その他施設	0	-	-	-	-
複合体	17	21,970	20,916	1,043	4.8
全体合計	153	87,009	82,367	4,727	5.4

	総資産 (百万円)	純資産 (百万円)	金融資産 D (百万円)	借入金 E (百万円)	純金融資産 F=D-E (百万円)	純金融資産対費用倍率 F÷B (倍)
高齢専業	71,018	57,418	21,315	10,412	10,902	0.41
保育専業	11,420	10,345	4,661	519	4,143	0.73
障害専業	15,145	12,750	4,205	1,705	2,500	0.42
児童専業	304	288	134	0	134	0.82
児童保育	1,362	1,156	493	132	361	0.43
高齢保育	19,450	16,655	7,087	2,263	4,824	0.71
高齢障害	35,096	23,626	7,937	8,212	▲275	▲0.02
障害と保育または児童	4,320	3,558	1,396	418	978	0.50
その他施設	-	-	-	-	-	-
複合体	48,858	37,718	10,843	7,871	2,972	0.14
全体合計	206,973	163,514	58,071	31,530	26,540	0.32

図表4-18 秋田県

	集計法人数	収入 A (百万円)	費用 B (百万円)	経常損益 C (百万円)	経常利益率 C÷A (%)
高齢専業	30	20,372	19,816	556	2.7
保育専業	20	6,606	6,275	368	5.6
障害専業	8	2,525	2,232	335	13.3
児童専業	0	-	-	-	-
児童保育	2	690	626	65	9.4
高齢保育	4	5,877	5,335	563	9.6
高齢障害	10	12,499	11,886	629	5.0
障害と保育または児童	2	1,297	1,206	99	7.6
その他施設	0	-	-	-	-
複合体	4	10,938	10,646	401	3.7
全体合計	80	60,803	58,022	3,015	5.0

	総資産 (百万円)	純資産 (百万円)	金融資産 D (百万円)	借入金 E (百万円)	純金融資産 F=D-E (百万円)	純金融資産対費用倍率 F÷B (倍)
高齢専業	51,609	39,113	13,505	9,280	4,225	0.21
保育専業	11,941	10,511	3,413	207	3,206	0.51
障害専業	6,618	6,147	2,617	129	2,488	1.11
児童専業	-	-	-	-	-	-
児童保育	900	815	291	0	291	0.47
高齢保育	14,713	12,603	4,206	1,327	2,879	0.54
高齢障害	29,573	23,019	8,294	4,247	4,047	0.34
障害と保育または児童	2,446	1,921	678	291	387	0.32
その他施設	-	-	-	-	-	-
複合体	18,948	16,054	5,685	612	5,073	0.48
全体合計	136,747	110,184	38,690	16,094	22,596	0.39

図表4-19 岩手県

	集計 法人数	収入 A (百万円)	費用 B (百万円)	経常損益 C (百万円)	経常利益率 C÷A (%)
高齢専業	52	31,558	30,988	525	1.7
保育専業	21	5,660	5,170	538	9.5
障害専業	18	6,581	6,134	504	7.7
児童専業	1	203	171	33	16.1
児童保育	0	-	-	-	-
高齢保育	8	7,742	7,460	282	3.7
高齢障害	9	7,907	7,560	338	4.3
障害と保育 または児童	4	2,310	2,222	103	4.5
その他施設	0	-	-	-	-
複合体	8	13,086	12,567	815	6.2
全体合計	121	75,047	72,273	3,138	4.2

	総資産 (百万円)	純資産 (百万円)	金融資産 D (百万円)	借入金 E (百万円)	純金融資産 F=D-E (百万円)	純金融資産 対費用倍率 F÷B (倍)
高齢専業	79,091	61,306	19,058	13,189	5,869	0.19
保育専業	9,726	8,474	4,267	438	3,828	0.74
障害専業	14,432	12,845	4,544	605	3,939	0.64
児童専業	198	181	117	0.8	117	0.68
児童保育	-	-	-	-	-	-
高齢保育	18,001	15,351	6,210	1,585	4,625	0.62
高齢障害	19,572	16,315	5,593	2,127	3,467	0.46
障害と保育 または児童	4,350	3,872	1,046	191	855	0.38
その他施設	-	-	-	-	-	-
複合体	18,887	15,463	6,739	1,298	5,441	0.43
全体合計	164,259	133,806	47,574	19,434	28,141	0.39

図表4-20 宮城県

	集計 法人数	収入 A (百万円)	費用 B (百万円)	経常損益 C (百万円)	経常利益率 C÷A (%)
高齢専業	30	18,818	19,022	▲295	▲1.6
保育専業	6	1,890	1,820	67	3.5
障害専業	15	10,163	10,031	184	1.8
児童専業	2	597	558	44	7.5
児童保育	1	299	269	31	10.5
高齢保育	5	4,934	4,862	51	1.0
高齢障害	13	12,864	12,281	618	4.8
障害と保育 または児童	3	2,277	2,167	118	5.2
その他施設	0	-	-	-	-
複合体	12	26,649	25,794	902	3.4
全体合計	87	78,492	76,802	1,722	2.2

	総資産 (百万円)	純資産 (百万円)	金融資産 D (百万円)	借入金 E (百万円)	純金融資産 F=D-E (百万円)	純金融資産 対費用倍率 F÷B (倍)
高齢専業	54,831	39,141	14,055	12,940	1,114	0.06
保育専業	3,859	2,722	396	796	▲401	▲0.22
障害専業	16,996	14,842	5,927	612	5,315	0.53
児童専業	1,512	1,415	313	19	295	0.53
児童保育	330	316	190	0	190	0.71
高齢保育	11,434	7,576	1,811	3,298	▲1,487	▲0.31
高齢障害	33,052	26,156	9,659	5,472	4,187	0.34
障害と保育 または児童	4,830	4,342	2,013	231	1,782	0.82
その他施設	0	-	-	-	-	-
複合体	76,555	63,685	26,140	7,853	18,287	0.71
全体合計	203,399	160,195	60,503	31,221	29,283	0.38

図表4-21 山形県

	集計 法人数	収入 A (百万円)	費用 B (百万円)	経常損益 C (百万円)	経常利益率 C÷A (%)
高齢専業	30	24,995	24,206	708	2.8
保育専業	9	2,453	2,234	227	9.3
障害専業	9	3,274	3,114	207	6.3
児童専業	2	397	344	50	12.7
児童保育	0	-	-	-	-
高齢保育	4	3,223	3,112	112	3.5
高齢障害	19	17,510	16,861	689	3.9
障害と保育 または児童	1	189	152	44	23.0
その他施設	1	545	530	17	3.2
複合体	5	13,475	13,414	113	0.8
全体合計	80	66,061	63,967	2,167	3.3

	総資産 (百万円)	純資産 (百万円)	金融資産 D (百万円)	借入金 E (百万円)	純金融資産 F=D-E (百万円)	純金融資産 対費用倍率 F÷B (倍)
高齢専業	65,392	47,201	14,681	13,984	697	0.03
保育専業	4,357	3,421	1,258	602	656	0.29
障害専業	5,955	5,213	2,150	253	1,897	0.61
児童専業	1,190	1,105	223	0	223	0.65
児童保育	0	-	-	-	-	-
高齢保育	7,022	5,633	1,953	872	1,081	0.35
高齢障害	47,705	40,795	13,994	3,601	10,393	0.62
障害と保育 または児童	402	377	127	0	127	0.83
その他施設	1,558	1,442	360	36	324	0.61
複合体	17,047	14,208	6,421	555	5,866	0.44
全体合計	150,628	119,396	41,168	19,904	21,264	0.33

図表4-22 福島県

	集計 法人数	収入 A (百万円)	費用 B (百万円)	経常損益 C (百万円)	経常利益率 C÷A (%)
高齢専業	60	35,132	36,447	▲131	▲0.4
保育専業	12	2,941	2,771	183	6.2
障害専業	22	5,747	5,527	293	5.1
児童専業	1	261	215	50	19.0
児童保育	1	194	178	22	11.2
高齢保育	6	8,254	7,866	428	5.2
高齢障害	11	10,943	10,574	433	4.0
障害と保育 または児童	5	3,013	2,789	422	14.0
その他施設	0	-	-	-	-
複合体	14	21,358	20,481	886	4.2
全体合計	132	87,842	86,848	2,586	2.9

	総資産 (百万円)	純資産 (百万円)	金融資産 D (百万円)	借入金 E (百万円)	純金融資産 F=D-E (百万円)	純金融資産 対費用倍率 F÷B (倍)
高齢専業	112,057	84,035	28,850	20,890	7,960	0.22
保育専業	3,879	3,234	1,303	200	1,102	0.40
障害専業	15,021	13,352	4,869	848	4,020	0.73
児童専業	740	707	195	1	194	0.90
児童保育	310	285	102	0	102	0.57
高齢保育	17,908	12,126	4,761	4,561	199	0.03
高齢障害	26,700	22,392	8,561	2,562	5,999	0.57
障害と保育 または児童	10,643	8,495	2,674	819	1,856	0.67
その他施設	-	-	-	-	-	-
複合体	42,880	29,892	10,817	9,571	1,247	0.06
全体合計	230,138	174,519	62,132	39,453	22,679	0.26

図表4-23 茨城県

	集計法人数	収入 A (百万円)	費用 B (百万円)	経常損益 C (百万円)	経常利益率 C÷A (%)
高齢専業	49	26,180	25,359	1,294	4.9
保育専業	15	2,814	2,486	351	12.5
障害専業	26	10,405	9,233	1,239	11.9
児童専業	5	1,098	1,036	82	7.4
児童保育	2	1,972	1,782	198	10.0
高齢保育	15	9,919	9,097	828	8.4
高齢障害	9	10,628	10,006	525	4.9
障害と保育 または児童	7	3,957	3,448	521	13.2
その他施設	0	-	-	-	-
複合体	11	22,766	21,699	986	4.3
全体合計	139	89,739	84,146	6,024	6.7

	総資産 (百万円)	純資産 (百万円)	金融資産 D (百万円)	借入金 E (百万円)	純金融資産 F=D-E (百万円)	純金融資産 対費用倍率 F÷B (倍)
高齢専業	66,198	46,361	12,945	17,137	▲4,192	▲0.17
保育専業	5,476	4,400	1,287	694	593	0.24
障害専業	29,155	27,050	11,839	873	10,966	1.19
児童専業	2,238	2,039	511	85	425	0.41
児童保育	4,458	3,116	629	968	▲339	▲0.19
高齢保育	25,636	18,745	5,873	5,196	677	0.07
高齢障害	23,677	16,041	5,277	6,222	▲945	▲0.09
障害と保育 または児童	10,276	8,699	4,037	1,068	2,969	0.86
その他施設	-	-	-	-	-	-
複合体	53,208	34,319	9,753	15,049	▲5,296	▲0.24
全体合計	220,322	160,769	52,150	47,292	4,858	0.06

図表4-24 栃木県

	集計法人数	収入 A (百万円)	費用 B (百万円)	経常損益 C (百万円)	経常利益率 C÷A (%)
高齢専業	33	19,306	19,059	277	1.4
保育専業	9	1,858	1,754	128	6.9
障害専業	23	8,709	8,046	743	8.5
児童専業	1	391	339	53	13.5
児童保育	1	445	427	21	4.7
高齢保育	5	3,577	3,391	196	5.5
高齢障害	6	5,446	4,947	506	9.3
障害と保育 または児童	8	8,680	7,878	915	10.5
その他施設	0	-	-	-	-
複合体	8	8,561	7,469	1,156	13.5
全体合計	94	56,975	53,309	3,995	7.0

	総資産 (百万円)	純資産 (百万円)	金融資産 D (百万円)	借入金 E (百万円)	純金融資産 F=D-E (百万円)	純金融資産 対費用倍率 F÷B (倍)
高齢専業	47,048	38,399	11,029	6,391	4,638	0.24
保育専業	3,023	2,625	504	214	290	0.17
障害専業	21,336	18,665	7,212	1,275	5,937	0.74
児童専業	455	321	113	99	14	0.04
児童保育	919	755	131	95	36	0.08
高齢保育	6,773	5,644	1,670	706	964	0.28
高齢障害	12,126	9,749	3,566	1,654	1,912	0.39
障害と保育 または児童	22,094	19,172	8,381	1,423	6,957	0.88
その他施設	-	-	-	-	-	-
複合体	19,931	17,397	6,721	1,478	5,242	0.70
全体合計	133,704	112,727	39,326	13,335	25,991	0.49

図表4-25 群馬県

	集計 法人数	収入 A (百万円)	費用 B (百万円)	経常損益 C (百万円)	経常利益率 C÷A (%)
高齢専業	76	43,754	41,807	1,890	4.3
保育専業	26	4,129	3,881	279	6.8
障害専業	34	13,573	12,940	753	5.6
児童専業	2	559	496	67	12.0
児童保育	1	184	162	21	11.5
高齢保育	10	5,869	5,658	222	3.8
高齢障害	13	13,604	13,371	288	2.1
障害と保育 または児童	2	440	414	26	5.8
その他施設	0	-	-	-	-
複合体	11	14,963	14,395	623	4.2
全体合計	175	97,075	93,123	4,170	4.3

	総資産 (百万円)	純資産 (百万円)	金融資産 D (百万円)	借入金 E (百万円)	純金融資産 F=D-E (百万円)	純金融資産 対費用倍率 F÷B (倍)
高齢専業	115,927	89,123	23,704	21,893	1,811	0.04
保育専業	7,705	6,303	2,084	1,144	939	0.24
障害専業	26,226	23,256	9,327	1,486	7,841	0.61
児童専業	1,301	1,204	546	63	482	0.97
児童保育	312	276	13	31	▲18	▲0.11
高齢保育	14,638	13,363	4,064	789	3,275	0.58
高齢障害	27,162	21,389	7,175	4,480	2,694	0.20
障害と保育 または児童	1,032	1,008	427	12	415	1.00
その他施設	-	-	-	-	-	-
複合体	37,112	32,559	9,938	2,863	7,075	0.49
全体合計	231,413	188,481	57,277	32,761	24,516	0.26

図表4-26 埼玉県

	集計法人数	収入 A (百万円)	費用 B (百万円)	経常損益 C (百万円)	経常利益率 C÷A (%)
高齢専業	74	59,246	57,177	1,904	3.2
保育専業	19	5,964	5,459	535	9.0
障害専業	28	13,939	13,164	·917	6.6
児童専業	2	349	326	26	7.5
児童保育	0	-	-	-	-
高齢保育	11	15,255	14,570	665	4.4
高齢障害	12	16,082	15,695	376	2.3
障害と保育 または児童	4	1,803	1,830	▲6	▲0.3
その他施設	1	287	247	43	14.9
複合体	13	34,079	31,077	3,285	9.6
全体合計	164	147,002	139,544	7,745	5.3

	総資産 (百万円)	純資産 (百万円)	金融資産 D (百万円)	借入金 E (百万円)	純金融資産 F=D-E (百万円)	純金融資産 対費用倍率 F÷B (倍)
高齢専業	155,606	111,981	29,884	37,114	▲7,230	▲0.13
保育専業	11,992	9,296	3,084	1,831	1,254	0.23
障害専業	32,735	27,963	7,737	3,272	4,465	0.34
児童専業	1,141	839	228	170	59	0.18
児童保育	-	-	-	-		-
高齢保育	34,983	22,730	5,851	9,988	▲4,137	▲0.28
高齢障害	34,228	21,805	5,848	9,661	▲3,813	▲0.24
障害と保育 または児童	4,465	4,037	763	288	475	0.26
その他施設	1,189	1,149	479	0	479	1.94
複合体	100,568	83,836	44,485	9,760	34,724	1.12
全体合計	376,908	283,635	98,359	72,084	26,276	0.19

図表4-27 東京都

	集計法人数	収入 A （百万円）	費用 B （百万円）	経常損益 C （百万円）	経常利益率 C÷A （%）
高齢専業	58	86,816	85,649	1,364	1.6
保育専業	30	16,927	15,743	1,210	7.2
障害専業	22	25,200	24,355	1,181	4.7
児童専業	3	1,266	1,213	78	6.2
児童保育	10	6,759	6,328	435	6.4
高齢保育	7	8,875	8,782	89	1.0
高齢障害	11	27,630	26,539	1,213	4.4
障害と保育 または児童	4	4,357	4,267	99	2.3
その他施設	0	-	-	-	-
複合体	43	174,398	170,334	4,797	2.8
全体合計	188	352,227	343,210	10,466	3.0

	総資産 （百万円）	純資産 （百万円）	金融資産 D （百万円）	借入金 E （百万円）	純金融資産 F=D-E （百万円）	純金融資産 対費用倍率 F÷B （倍）
高齢専業	204,441	162,244	41,645	27,746	13,900	0.16
保育専業	26,680	22,913	9,855	2,081	7,773	0.49
障害専業	49,705	41,510	17,378	2,956	14,422	0.59
児童専業	2,619	2,479	1,219	0	1,219	1.01
児童保育	14,725	12,431	5,312	926	4,386	0.69
高齢保育	16,394	12,539	3,797	2,834	963	0.11
高齢障害	57,356	48,809	14,939	4,354	10,585	0.40
障害と保育 または児童	6,063	5,358	1,808	246	1,561	0.37
その他施設	-	-	-	-	-	-
複合体	292,484	224,346	82,705	31,404	51,301	0.30
全体合計	670,469	532,629	178,659	72,548	106,111	0.31

図表4-28 神奈川県

	集計法人数	収入 A (百万円)	費用 B (百万円)	経常損益 C (百万円)	経常利益率 C÷A (%)
高齢専業	81	68,494	67,757	870	1.3
保育専業	42	13,513	12,783	803	5.9
障害専業	29	25,803	25,005	981	3.8
児童専業	11	3,752	3,608	187	5.0
児童保育	4	2,520	2,302	222	8.8
高齢保育	18	25,829	25,250	606	2.4
高齢障害	15	37,630	37,247	479	1.3
障害と保育または児童	18	24,560	23,728	986	4.0
その他施設	2	381	351	35	9.2
複合体	18	73,143	70,850	2,140	2.9
全体合計	238	275,625	268,881	7,308	2.7

	総資産 (百万円)	純資産 (百万円)	金融資産 D (百万円)	借入金 E (百万円)	純金融資産 F=D-E (百万円)	純金融資産対費用倍率 F÷B (倍)
高齢専業	186,319	145,119	33,084	32,524	561	0.01
保育専業	22,901	18,338	6,253	2,747	3,506	0.27
障害専業	53,524	44,961	17,105	4,013	13,092	0.52
児童専業	11,986	10,000	2,952	1,498	1,454	0.40
児童保育	6,205	5,299	1,749	451	1,298	0.56
高齢保育	60,795	43,387	11,774	11,469	305	0.01
高齢障害	58,696	40,464	12,059	12,911	▲851	▲0.02
障害と保育または児童	56,767	42,533	11,737	6,213	5,524	0.23
その他施設	1,796	1,725	596	13	582	1.66
複合体	123,532	93,319	31,690	13,721	17,969	0.25
全体合計	582,520	445,145	128,999	85,559	43,440	0.16

図表4-29 千葉県

	集計法人数	収入 A (百万円)	費用 B (百万円)	経常損益 C (百万円)	経常利益率 C÷A (%)
高齢専業	55	40,872	40.017	824	2.0
保育専業	8	5,681	5,641	36	0.6
障害専業	24	15,806	14,619	1,266	8.0
児童専業	2	633	562	74	11.7
児童保育	1	907	883	28	3.1
高齢保育	6	8,185	8,083	73	0.9
高齢障害	10	16,021	15,552	469	2.9
障害と保育または児童	4	3,555	2,797	811	22.8
その他施設	0	-	-	-	-
複合体	14	31,362	30,699	767	2.5
全体合計	124	123,022	118,853	4,348	3.5

	総資産 (百万円)	純資産 (百万円)	金融資産 D (百万円)	借入金 E (百万円)	純金融資産 F=D-E (百万円)	純金融資産対費用倍率 F÷B (倍)
高齢専業	106,417	75,758	17,345	25,348	▲8,003	▲0.20
保育専業	9,403	6,831	758	1,495	▲738	▲0.13
障害専業	34,141	29,818	9,681	2,499	7,182	0.49
児童専業	1,246	1,055	254	149	105	0.19
児童保育	1,021	899	410	15	394	0.45
高齢保育	16,883	12,969	3,277	3,161	115	0.01
高齢障害	37,597	27,432	6,869	8,127	▲1,258	▲0.08
障害と保育または児童	10,662	9,668	4,059	380	3,679	1.32
その他施設	-	-	-	-	-	-
複合体	59,173	40,780	10,252	11,805	▲1,553	▲0.05
全体合計	276,542	205,212	52,904	52,980	▲76	▲0.00

図表4-30 山梨県

	集計 法人数	収入 A (百万円)	費用 B (百万円)	経常損益 C (百万円)	経常利益率 C÷A (%)
高齢専業	28	14,290	14,285	4	0.0
保育専業	17	1,965	1,972	3	0.2
障害専業	10	2,194	2,120	85	3.9
児童専業	0	-	-	-	-
児童保育	0	-	-	-	-
高齢保育	1	243	236	8	3.1
高齢障害	10	7,285	6,636	660	9.1
障害と保育 または児童	1	542	526	21	3.9
その他施設	0	-	-	-	-
複合体	3	3,857	4,086	▲209	▲5.4
全体合計	70	30,376	29,862	573	1.9

	総資産 (百万円)	純資産 (百万円)	金融資産 D (百万円)	借入金 E (百万円)	純金融資産 F=D-E (百万円)	純金融資産 対費用倍率 F÷B (倍)
高齢専業	38,503	28,365	8,725	8,313	412	0.03
保育専業	4,095	3,297	1,060	441	618	0.31
障害専業	4,678	4,113	1,253	288	966	0.46
児童専業	-	-	-	-	-	-
児童保育	-	-	-	-	-	-
高齢保育	701	661	64	3	61	0.26
高齢障害	18,738	15,982	7,064	1,889	5,174	0.78
障害と保育 または児童	673	604	190	30	161	0.30
その他施設	-	-	-	-	-	-
複合体	9,371	7,584	1,694	417	1,277	0.31
全体合計	76,760	60,606	20,049	11,380	8,669	0.29

図表4-31 新潟県

	集計法人数	収入 A (百万円)	費用 B (百万円)	経常損益 C (百万円)	経常利益率 C÷A (%)
高齢専業	41	43,206	42,411	801	1.9
保育専業	6	820	800	23	2.8
障害専業	17	11,424	10,673	802	7.0
児童専業	1	551	502	51	9.2
児童保育	0	-	-	-	-
高齢保育	4	4,155	4,052	55	1.3
高齢障害	24	30,045	29,297	811	2.7
障害と保育 または児童	1	349	344	15	4.3
その他施設	0	-	-	-	-
複合体	13	51,231	49,899	1,329	2.6
全体合計	107	141,781	137,978	3,887	2.7

	総資産 (百万円)	純資産 (百万円)	金融資産 D (百万円)	借入金 E (百万円)	純金融資産 F=D-E (百万円)	純金融資産 対費用倍率 F÷B (倍)
高齢専業	102,652	83,342	27,609	15,332	12,277	0.29
保育専業	1,215	1,140	406	26	380	0.48
障害専業	26,756	24,787	6,902	872	6,029	0.56
児童専業	1,600	1,488	845	1	844	1.68
児童保育	-	-	-	-	-	-
高齢保育	10,512	4,544	1,256	5,463	▲4,207	▲1.04
高齢障害	69,896	60,696	19,116	6,241	12,875	0.44
障害と保育 または児童	550	528	371	0	371	1.08
その他施設	-	-	-	-	-	-
複合体	106,204	77,559	21,274	22,167	▲893	▲0.02
全体合計	319,385	254,084	77,779	50,101	27,678	0.20

図表4-32 長野県

	集計法人数	収入 A (百万円)	費用 B (百万円)	経常損益 C (百万円)	経常利益率 C÷A (%)
高齢専業	33	23,289	23,089	166	0.7
保育専業	1	54	54	▲0.8	▲1.6
障害専業	17	8,525	8,189	396	4.6
児童専業	8	1,636	1,412	238	14.6
児童保育	0	-	-	-	-
高齢保育	3	3,914	3,669	244	6.2
高齢障害	12	14,924	14,294	659	4.4
障害と保育 または児童	5	6,672	5,972	735	11.0
その他施設	1	278	349	▲70	▲25.3
複合体	6	13,284	12,934	383	2.9
全体合計	86	72,577	69,961	2,750	3.8

	総資産 (百万円)	純資産 (百万円)	金融資産 D (百万円)	借入金 E (百万円)	純金融資産 F=D-E (百万円)	純金融資産 対費用倍率 F÷B (倍)
高齢専業	57,898	35,809	8,648	18,564	▲9,916	▲0.43
保育専業	32	30	6	0	6	0.11
障害専業	19,813	17,808	6,505	654	5,852	0.71
児童専業	3,566	2,840	933	256	677	0.48
児童保育	-	-	-	-	-	-
高齢保育	7,752	5,758	1,652	1,579	72	0.02
高齢障害	36,457	28,244	8,760	6,554	2,206	0.15
障害と保育 または児童	12,577	10,749	4,709	481	4,228	0.71
その他施設	498	206	103	258	▲155	▲0.44
複合体	30,409	20,397	6,988	7,082	▲94	▲0.01
全体合計	169,003	121,839	38,304	35,429	2,876	0.04

図表4-33 静岡県

	集計法人数	収入 A (百万円)	費用 B (百万円)	経常損益 C (百万円)	経常利益率 C÷A (%)
高齢専業	39	30,265	29,899	290	1.0
保育専業	34	6,339	6,039	321	5.1
障害専業	17	7,572	7,132	543	7.2
児童専業	3	664	633	36	5.4
児童保育	4	1,264	1,165	111	8.8
高齢保育	5	4,443	4,320	135	3.0
高齢障害	17	20,676	20,261	415	2.0
障害と保育 または児童	3	1,809	1,700	117	6.5
その他施設	1	204	188	18	9.0
複合体	22	47,134	45,495	1,764	3.7
全体合計	145	120,370	116,832	3,751	3.1

	総資産 (百万円)	純資産 (百万円)	金融資産 D (百万円)	借入金 E (百万円)	純金融資産 F=D-E (百万円)	純金融資産 対費用倍率 F÷B (倍)
高齢専業	84,840	59,041	15,585	19,984	▲4,399	▲0.15
保育専業	15,310	11,746	2,827	2,454	373	0.06
障害専業	23,825	21,479	7,264	1,643	5,621	0.79
児童専業	2,285	2,159	541	63	478	0.75
児童保育	3,258	2,949	936	155	781	0.67
高齢保育	11,591	9,671	3,024	1,423	1,601	0.37
高齢障害	47,136	37,388	14,145	6,943	7,202	0.36
障害と保育 または児童	4,033	3,457	1,152	359	793	0.47
その他施設	630	614	378	0	378	2.02
複合体	125,472	100,157	33,862	18,750	15,112	0.33
全体合計	318,381	248,661	79,714	51,774	27,940	0.24

図表4-34 愛知県

	集計 法人数	収入 A (百万円)	費用 B (百万円)	経常損益 C (百万円)	経常利益率 C÷A (%)
高齢専業	57	61,809	59,189	2,635	4.3
保育専業	64	14,116	13,382	817	5.8
障害専業	56	25,905	24,327	1,818	7.0
児童専業	11	3,176	3,005	195	6.2
児童保育	4	1,827	1,769	▲28	▲1.6
高齢保育	17	25,302	23,695	1,459	5.8
高齢障害	17	31,903	30,367	1,616	5.1
障害と保育 または児童	6	2,778	2,274	515	18.5
その他施設	2	455	461	▲3	▲0.8
複合体	26	55,485	53,070	2,723	4.9
全体合計	260	222,757	211,539	11,747	5.3

	総資産 (百万円)	純資産 (百万円)	金融資産 D (百万円)	借入金 E (百万円)	純金融資産 F=D-E (百万円)	純金融資産 対費用倍率 F÷B (倍)
高齢専業	152,229	116,723	34,662	27,742	6,919	0.12
保育専業	21,282	17,234	4,703	2,053	2,650	0.20
障害専業	76,101	55,853	21,164	4,563	16,601	0.68
児童専業	6,488	5,626	1,740	330	1,410	0.47
児童保育	3,428	3,092	1,145	59	1,086	0.61
高齢保育	74,215	42,508	7,568	27,996	▲20,428	▲0.86
高齢障害	79,045	61,004	17,642	12,575	5,067	0.17
障害と保育 または児童	6,867	6,060	2,737	406	2,331	1.03
その他施設	1,263	1,097	363	105	258	0.56
複合体	116,181	96,939	34,043	9,678	24,365	0.46
全体合計	537,101	406,138	125,767	85,507	40,260	0.19

図表4-35 岐阜県

	集計法人数	収入 A (百万円)	費用 B (百万円)	経常損益 C (百万円)	経常利益率 C÷A (%)
高齢専業	35	30,782	28,841	1,996	6.5
保育専業	8	1,727	1,537	211	12.2
障害専業	13	7,176	6,800	452	6.3
児童専業	5	966	873	98	10.2
児童保育	0	-	-	-	-
高齢保育	3	2,613	2,434	149	5.7
高齢障害	7	3,991	3,879	122	3.1
障害と保育または児童	3	3,378	3,272	121	3.6
その他施設	0	-	-	-	-
複合体	8	10,480	10,022	509	4.9
全体合計	82	61,113	57,658	3,657	6.0

	総資産 (百万円)	純資産 (百万円)	金融資産 D (百万円)	借入金 E (百万円)	純金融資産 F=D-E (百万円)	純金融資産対費用倍率 F÷B (倍)
高齢専業	91,546	75,292	26,940	12,956	13,984	0.48
保育専業	3,197	2,905	1,445	46	1,398	0.91
障害専業	18,400	17,238	6,906	34	6,873	1.01
児童専業	1,616	1,477	597	10	587	0.67
児童保育	-	-	-	-	-	-
高齢保育	6,660	5,154	1,504	1,230	274	0.11
高齢障害	8,156	7,003	1,796	652	1,145	0.30
障害と保育または児童	8,082	7,277	2,247	136	2,110	0.65
その他施設	-	-	-	-	-	-
複合体	23,032	18,962	5,875	2,160	3,715	0.37
全体合計	160,690	135,308	47,309	17,224	30,085	0.52

図表4-36 富山県

	集計 法人数	収入 A (百万円)	費用 B (百万円)	経常損益 C (百万円)	経常利益率 C÷A (%)
高齢専業	35	23,662	23,199	437	1.9
保育専業	43	9,012	8,082	950	10.5
障害専業	10	6,580	5,946	695	10.6
児童専業	1	241	226	18	7.4
児童保育	1	85	86	▲2	▲1.8
高齢保育	4	4,925	4,797	112	2.3
高齢障害	8	7,922	7,779	159	2.0
障害と保育 または児童	1	461	416	47	10.3
その他施設	0	-	-	-	-
複合体	8	15,788	15,176	634	4.0
全体合計	111	68,676	65,707	3,050	4.4

	総資産 (百万円)	純資産 (百万円)	金融資産 D (百万円)	借入金 E (百万円)	純金融資産 F=D-E (百万円)	純金融資産 対費用倍率 F÷B (倍)
高齢専業	59,145	46,393	14,172	10,594	3,578	0.15
保育専業	15,543	13,927	5,241	948	4,293	0.53
障害専業	19,282	18,249	7,666	522	7,143	1.20
児童専業	804	791	158	0	158	0.70
児童保育	171	166	94	0	94	1.09
高齢保育	11,462	7,595	2,600	3,106	▲506	▲0.11
高齢障害	17,926	16,391	9,097	909	8,188	1.05
障害と保育 または児童	1,657	1,604	604	27	577	1.39
その他施設	-	-	-	-	-	-
複合体	28,192	19,975	5,596	5,371	225	0.01
全体合計	154,183	125,091	45,227	21,477	23,750	0.36

図表4-37 石川県

	集計法人数	収入 A (百万円)	費用 B (百万円)	経常損益 C (百万円)	経常利益率 C÷A (%)
高齢専業	32	20,701	20,265	441	2.1
保育専業	25	5,262	4,953	303	5.8
障害専業	19	5,500	5,027	501	9.1
児童専業	1	222	210	15	6.6
児童保育	5	1,729	1,661	84	4.9
高齢保育	6	7,888	7,529	364	4.6
高齢障害	8	8,586	8,145	466	5.4
障害と保育 または児童	1	415	344	73	17.5
その他施設	0	-	-	-	-
複合体	11	24,980	24,543	355	1.4
全体合計	108	75,283	72,677	2,600	3.5

	総資産 (百万円)	純資産 (百万円)	金融資産 D (百万円)	借入金 E (百万円)	純金融資産 F=D-E (百万円)	純金融資産 対費用倍率 F÷B (倍)
高齢専業	54,377	45,421	14,268	7,300	6,968	0.34
保育専業	11,100	8,901	2,052	1,548	504	0.10
障害専業	13,637	11,970	4,199	846	3,353	0.67
児童専業	521	489	277	1	276	1.32
児童保育	3,745	3,427	1,133	194	938	0.56
高齢保育	17,179	13,006	4,121	2,932	1,189	0.16
高齢障害	19,652	14,210	2,568	4,730	▲2,162	▲0.27
障害と保育 または児童	1,057	952	599	93	505	1.47
その他施設	-	-	-	-	-	-
複合体	75,132	56,067	14,534	15,744	▲1,209	▲0.05
全体合計	196,400	154,443	43,750	33,388	10,363	0.14

図表4-38 福井県

	集計 法人数	収入 A (百万円)	費用 B (百万円)	経常損益 C (百万円)	経常利益率 C÷A (%)
高齢専業	28	18,376	17,392	994	5.4
保育専業	24	3,283	3,051	247	7.5
障害専業	8	2,811	2,518	304	10.8
児童専業	1	168	146	23	13.6
児童保育	1	108	110	▲3	▲2.8
高齢保育	5	3,096	2,977	135	4.4
高齢障害	3	4,902	4,649	277	5.7
障害と保育 または児童	3	2,154	2,114	66	3.1
その他施設	0	-	-	-	-
複合体	6	9,589	9,164	424	4.4
全体合計	79	44,488	42,119	2,467	5.5

	総資産 (百万円)	純資産 (百万円)	金融資産 D (百万円)	借入金 E (百万円)	純金融資産 F=D-E (百万円)	純金融資産 対費用倍率 F÷B (倍)
高齢専業	47,802	39,360	13,077	6,349	6,727	0.39
保育専業	6,265	5,155	1,947	759	1,188	0.39
障害専業	6,749	6,370	3,084	119	2,965	1.18
児童専業	472	430	95	26	70	0.48
児童保育	204	108	5	87	▲82	▲0.74
高齢保育	6,930	5,643	1,214	1,029	185	0.06
高齢障害	11,867	11,182	4,320	108	4,212	0.91
障害と保育 または児童	3,836	3,526	1,169	111	1,058	0.50
その他施設	-	-	-	-	-	-
複合体	24,130	16,012	6,321	6,172	149	0.02
全体合計	108,255	87,786	31,231	14,760	16,471	0.39

図表4-39 三重県

	集計法人数	収入 A (百万円)	費用 B (百万円)	経常損益 C (百万円)	経常利益率 C÷A (%)
高齢専業	53	42,970	30,896	202	0.5
保育専業	7	2,597	2,421	183	7.1
障害専業	34	9,202	8,717	573	6.2
児童専業	5	1,315	1,067	264	20.1
児童保育	1	199	189	10	5.1
高齢保育	6	4,198	4,285	▲78	▲1.9
高齢障害	8	10,398	10,219	191	1.8
障害と保育または児童	7	6,108	5,976	183	3.0
その他施設	1	454	422	32	7.0
複合体	13	20,817	20,123	721	3.5
全体合計	135	98,259	84,315	2,282	2.3

	総資産 (百万円)	純資産 (百万円)	金融資産 D (百万円)	借入金 E (百万円)	純金融資産 F=D-E (百万円)	純金融資産対費用倍率 F÷B (倍)
高齢専業	78,823	56,096	13,168	17,731	▲4,564	▲0.15
保育専業	6,074	5,314	1,279	447	832	0.34
障害専業	21,115	19,119	7,017	941	6,076	0.70
児童専業	2,741	2,581	1,038	13	1,024	0.96
児童保育	732	642	57	72	▲14	▲0.08
高齢保育	8,590	6,260	1,226	1,537	▲311	▲0.07
高齢障害	23,177	18,749	6,083	3,009	3,074	0.30
障害と保育または児童	13,217	11,314	2,630	940	1,690	0.28
その他施設	1,169	987	159	145	14	0.03
複合体	44,842	32,301	8,557	9,071	▲514	▲0.03
全体合計	200,479	153,363	41,213	33,906	7,307	0.09

図表4-40 京都府

	集計 法人数	収入 A (百万円)	費用 B (百万円)	経常損益 C (百万円)	経常利益率 C÷A (%)
高齢専業	41	29,656	29,600	20	0.1
保育専業	34	10,373	9,628	716	6.9
障害専業	33	15,016	14,820	288	1.9
児童専業	3	648	589	62	9.5
児童保育	7	2,826	2,622	216	7.6
高齢保育	6	5,714	5,363	294	5.1
高齢障害	7	8,285	8,128	189	2.3
障害と保育 または児童	1	669	629	53	7.9
その他施設	0	-	-	-	-
複合体	19	67,570	66,930	1,350	2.0
全体合計	151	140,757	138,310	3,188	2.3

	総資産 (百万円)	純資産 (百万円)	金融資産 D (百万円)	借入金 E (百万円)	純金融資産 F=D-E (百万円)	純金融資産 対費用倍率 F÷B (倍)
高齢専業	75,377	56,870	14,752	14,202	550	0.02
保育専業	18,718	15,855	6,891	1,093	5,798	0.60
障害専業	34,158	29,453	10,054	1,942	8,112	0.55
児童専業	1,545	1,469	618	26	593	1.01
児童保育	5,638	4,986	1,561	362	1,199	0.46
高齢保育	14,628	11,881	3,329	2,125	1,203	0.22
高齢障害	16,803	12,814	3,489	2,604	885	0.11
障害と保育 または児童	887	641	150	155	▲5	▲0.01
その他施設	-	-	-	-	-	-
複合体	105,739	67,684	27,384	19,527	7,857	0.12
全体合計	273,493	201,654	68,229	42,037	26,192	0.19

図表4-41 滋賀県

	集計法人数	収入 A (百万円)	費用 B (百万円)	経常損益 C (百万円)	経常利益率 C÷A (%)
高齢専業	36	22,451	22,000	382	1.7
保育専業	14	3,304	3,066	244	7.4
障害専業	21	10,424	10,002	499	4.8
児童専業	3	638	567	74	11.6
児童保育	1	422	382	39	9.2
高齢保育	3	3,664	3,534	124	3.4
高齢障害	8	8,216	8,033	150	1.8
障害と保育 または児童	1	630	608	25	4.0
その他施設	0	-	-	-	-
複合体	4	12,826	12,516	353	2.8
全体合計	91	62,574	60,709	1,890	3.0

	総資産 (百万円)	純資産 (百万円)	金融資産 D (百万円)	借入金 E (百万円)	純金融資産 F=D-E (百万円)	純金融資産 対費用倍率 F÷B (倍)
高齢専業	52,581	33,721	9,345	15,117	▲5,773	▲0.26
保育専業	6,290	5,279	1,905	582	1,324	0.43
障害専業	23,863	21,371	6,891	860	6,031	0.60
児童専業	1,293	1,206	422	0	422	0.74
児童保育	1,228	1,186	238	22	216	0.57
高齢保育	8,317	6,118	2,135	1,531	604	0.17
高齢障害	18,528	11,191	3,196	5,813	▲2,617	▲0.33
障害と保育 または児童	1,143	1,004	92	49	43	0.07
その他施設	-	-	-	-	-	-
複合体	27,387	22,552	7,755	2,176	5,578	0.45
全体合計	140,630	103,628	31,977	26,149	5,828	0.10

図表4-42 奈良県

	集計法人数	収入 A (百万円)	費用 B (百万円)	経常損益 C (百万円)	経常利益率 C÷A (%)
高齢専業	31	22,603	21,627	353	1.6
保育専業	17	3,419	3,108	326	9.6
障害専業	14	6,483	5,955	581	9.0
児童専業	3	795	746	55	6.9
児童保育	1	671	626	62	9.3
高齢保育	4	3,980	3,811	163	4.1
高齢障害	8	6,534	5,997	514	7.9
障害と保育または児童	6	2,229	2,018	216	9.7
その他施設	0	-	-	-	-
複合体	9	14,153	13,480	750	5.3
全体合計	93	60,866	57,368	3,020	5.0

	総資産 (百万円)	純資産 (百万円)	金融資産 D (百万円)	借入金 E (百万円)	純金融資産 F=D-E (百万円)	純金融資産対費用倍率 F÷B (倍)
高齢専業	71,569	61,436	18,078	6,984	11,094	0.51
保育専業	9,169	7,426	1,921	1,327	594	0.19
障害専業	14,723	13,126	4,348	1,022	3,326	0.56
児童専業	1,460	1,270	452	132	320	0.43
児童保育	1,041	832	316	0	316	0.50
高齢保育	6,108	3,753	1,018	1,682	▲664	▲0.17
高齢障害	19,824	16,071	5,073	3,252	1,821	0.30
障害と保育または児童	4,469	3,909	1,661	439	1,222	0.61
その他施設	-	-	-	-	-	-
複合体	33,960	29,530	7,573	3,231	4,342	0.32
全体合計	162,322	137,354	40,440	18,068	22,372	0.39

図表4-43 和歌山県

	集計 法人数	収入 A (百万円)	費用 B (百万円)	経常損益 C (百万円)	経常利益率 C÷A (%)
高齢専業	20	15,715	15,283	486	3.1
保育専業	12	2,615	2,372	259	9.9
障害専業	15	7,739	7,155	634	8.2
児童専業	0	-	-	-	-
児童保育	1	506	434	79	15.6
高齢保育	2	1,966	1,880	87	4.4
高齢障害	5	3,274	3,240	70	2.1
障害と保育 または児童	0	-	-	-	-
その他施設	0	-	-	-	-
複合体	6	7,602	7,112	451	5.9
全体合計	61	39,417	37,476	2,066	5.2

	総資産 (百万円)	純資産 (百万円)	金融資産 D (百万円)	借入金 E (百万円)	純金融資産 F=D-E (百万円)	純金融資産 対費用倍率 F÷B (倍)
高齢専業	41,909	30,713	9,703	5,278	4,425	0.29
保育専業	4,821	4,006	1,406	520	886	0.37
障害専業	19,713	18,068	7,719	549	7,170	1.00
児童専業	-	-	-	-	-	-
児童保育	873	765	542	40	501	1.16
高齢保育	3,975	3,349	1,076	499	577	0.31
高齢障害	9,659	8,534	3,216	541	2,675	0.83
障害と保育 または児童	-	-	-	-	-	-
その他施設	-	-	-	-	-	-
複合体	17,858	15,904	5,934	547	5,387	0.76
全体合計	98,809	81,339	29,596	7,973	21,622	0.58

第4章　2015年度財務諸表集計結果が示唆する社会福祉法人の課題　119

図表4-44 大阪府

	集計 法人数	収入 A (百万円)	費用 B (百万円)	経常損益 C (百万円)	経常利益率 C÷A (%)
高齢専業	65	52,141	51,165	1,025	2.0
保育専業	93	26,015	23,996	2,208	8.5
障害専業	43	22,973	22,303	918	4.0
児童専業	6	3,126	2,856	288	9.2
児童保育	5	2,160	1,981	202	9.4
高齢保育	32	37,999	36,309	1,762	4.6
高齢障害	23	30,640	29,284	1,483	4.8
障害と保育 または児童	15	9,395	9,021	399	4.2
その他施設	1	367	367	▲0.2	▲0.1
複合体	47	110,905	108,680	3,159	2.9
全体合計	330	295,720	285,962	11,443	3.9

	総資産 (百万円)	純資産 (百万円)	金融資産 D (百万円)	借入金 E (百万円)	純金融資産 F=D-E (百万円)	純金融資産 対費用倍率 F÷B (倍)
高齢専業	162,579	129,084	34,934	23,741	11,193	0.22
保育専業	52,967	44,283	12,812	4,868	7,944	0.33
障害専業	41,409	36,139	11,751	1,645	10,106	0.45
児童専業	6,377	5,264	1,604	444	1,160	0.41
児童保育	4,369	3,688	1,284	437	847	0.43
高齢保育	98,972	74,617	19,017	19,287	▲270	▲0.01
高齢障害	82,279	68,694	13,619	9,174	4,445	0.15
障害と保育 または児童	19,764	16,915	4,797	1,694	3,103	0.34
その他施設	859	636	70	189	▲118	▲0.32
複合体	257,735	208,223	63,363	28,748	34,615	0.32
全体合計	727,310	587,542	163,252	90,227	73,025	0.26

図表4-45 兵庫県

	集計法人数	収入 A (百万円)	費用 B (百万円)	経常損益 C (百万円)	経常利益率 C÷A (%)
高齢専業	73	58,169	56,212	2,025	3.5
保育専業	45	12,677	11,202	1,536	12.1
障害専業	35	16,385	15,870	616	3.8
児童専業	10	2,286	2,112	183	8.0
児童保育	12	5,702	5,283	479	8.4
高齢保育	17	22,871	21,042	1,710	7.5
高齢障害	21	27,077	26,330	784	2.9
障害と保育 または児童	9	9,003	8,586	532	5.9
その他施設	4	673	645	33	4.8
複合体	27	69,473	66,880	2,960	4.3
全体合計	253	224,315	214,162	10,857	4.8

	総資産 (百万円)	純資産 (百万円)	金融資産 D (百万円)	借入金 E (百万円)	純金融資産 F=D-E (百万円)	純金融資産 対費用倍率 F÷B (倍)
高齢専業	150,807	115,516	41,265	25,730	15,535	0.28
保育専業	24,633	19,893	7,699	3,468	4,230	0.38
障害専業	36,444	31,389	11,315	2,066	9,249	0.58
児童専業	5,111	4,326	1,636	377	1,259	0.60
児童保育	10,582	8,675	3,206	1,261	1,945	0.37
高齢保育	62,468	38,955	12,433	20,108	▲7,675	▲0.36
高齢障害	59,950	43,944	13,593	10,354	3,240	0.12
障害と保育 または児童	20,750	17,028	4,593	2,132	2,462	0.29
その他施設	1,661	1,543	719	16	703	1.09
複合体	130,257	103,568	36,445	14,864	21,581	0.32
全体合計	502,664	384,837	132,905	80,375	52,530	0.25

第4章　2015年度財務諸表集計結果が示唆する社会福祉法人の課題　121

図表4-46 岡山県

	集計 法人数	収入 A (百万円)	費用 B (百万円)	経常損益 C (百万円)	経常利益率 C÷A (%)
高齢専業	59	40,159	39,640	▲177	▲0.4
保育専業	31	8,762	8,215	579	6.6
障害専業	16	5,579	5,512	139	2.5
児童専業	5	1,033	988	54	5.3
児童保育	1	2,145	1,980	164	7.7
高齢保育	11	11,368	10,527	776	6.8
高齢障害	13	9,841	9,767	97	1.0
障害と保育 または児童	6	3,874	3,403	512	13.2
その他施設	0	-	-	-	-
複合体	12	28,540	27,851	726	2.5
全体合計	154	111,302	107,883	2,870	2.6

	総資産 (百万円)	純資産 (百万円)	金融資産 D (百万円)	借入金 E (百万円)	純金融資産 F=D-E (百万円)	純金融資産 対費用倍率 F÷B (倍)
高齢専業	106,150	80,689	26,539	20,044	6,496	0.16
保育専業	19,082	15,210	5,425	2,310	3,115	0.38
障害専業	11,330	10,043	3,353	501	2,852	0.52
児童専業	1,715	1,580	414	19	395	0.40
児童保育	2,404	2,226	1,080	41	1,038	0.52
高齢保育	30,514	19,576	7,043	9,920	▲2,877	▲0.27
高齢障害	23,787	15,693	3,460	6,767	▲3,307	▲0.34
障害と保育 または児童	10,608	9,263	3,327	779	2,547	0.75
その他施設	-	-	-	-	-	-
複合体	50,871	37,400	9,678	9,519	160	0.01
全体合計	256,462	191,680	60,319	49,900	10,420	0.10

図表4-47 広島県

	集計 法人数	収入 A (百万円)	費用 B (百万円)	経常損益 C (百万円)	経常利益率 C÷A (%)
高齢専業	69	49,844	48,076	1,990	4.0
保育専業	18	6,609	6,011	627	9.5
障害専業	28	8,401	7,653	822	9.8
児童専業	3	530	490	45	8.5
児童保育	1	846	731	121	14.3
高齢保育	7	8,008	7,695	356	4.5
高齢障害	16	11,769	11,270	538	4.6
障害と保育 または児童	8	7,585	6,971	672	8.9
その他施設	1	67	66	1	1.8
複合体	17	40,586	38,667	2,047	5.0
全体合計	168	134,246	127,630	7,218	5.4

	総資産 (百万円)	純資産 (百万円)	金融資産 D (百万円)	借入金 E (百万円)	純金融資産 F=D-E (百万円)	純金融資産 対費用倍率 F÷B (倍)
高齢専業	131,063	117,747	33,157	21,654	11,503	0.24
保育専業	12,647	10,316	2,850	1,720	1,129	0.19
障害専業	20,857	19,629	7,767	515	7,252	0.95
児童専業	1,037	983	455	3	452	0.92
児童保育	3,421	3,332	1,293	0	1,293	1.77
高齢保育	17,112	12,334	4,317	3,471	845	0.11
高齢障害	29,815	22,383	9,340	2,645	6,696	0.59
障害と保育 または児童	18,419	16,048	5,816	1,171	4,645	0.67
その他施設	192	178	28	11	17	0.25
複合体	79,840	69,364	27,540	4,589	22,951	0.59
全体合計	314,403	272,315	92,563	35,779	56,785	0.44

図表4-48 鳥取県

	集計 法人数	収入 A (百万円)	費用 B (百万円)	経常損益 C (百万円)	経常利益率 C÷A (%)
高齢専業	16	8,017	7,659	332	4.1
保育専業	5	916	904	17	1.9
障害専業	7	2,739	2,641	107	3.9
児童専業	3	1,415	1,384	37	2.6
児童保育	1	333	327	7	2.2
高齢保育	3	1,845	1,840	12	0.7
高齢障害	4	1,648	1,644	10	0.6
障害と保育 または児童	0	-	-	-	-
その他施設	0	-	-	-	-
複合体	8	36,246	34,153	2,044	5.6
全体合計	47	53,159	50,550	2,567	4.8

	総資産 (百万円)	純資産 (百万円)	金融資産 D (百万円)	借入金 E (百万円)	純金融資産 F=D-E (百万円)	純金融資産 対費用倍率 F÷B (倍)
高齢専業	18,764	12,360	3,709	5,729	▲2,020	▲0.26
保育専業	1,233	1,081	308	95	214	0.24
障害専業	4,407	4,054	970	120	850	0.32
児童専業	1,650	1,376	406	159	247	0.18
児童保育	519	491	180	0	180	0.55
高齢保育	4,038	3,471	747	456	291	0.16
高齢障害	3,876	3,616	994	135	859	0.52
障害と保育 または児童	-	-	-	-	-	-
その他施設	-	-	-	-	-	-
複合体	75,061	59,250	12,791	12,682	109	0.00
全体合計	109,549	85,699	20,105	19,375	730	0.01

図表4-49 島根県

	集計法人数	収入 A (百万円)	費用 B (百万円)	経常損益 C (百万円)	経常利益率 C÷A (%)
高齢専業	34	14,913	14,566	377	2.5
保育専業	4	523	442	83	16.0
障害専業	6	1,506	1,392	120	8.0
児童専業	2	376	337	42	11.2
児童保育	0	-	-	-	-
高齢保育	15	14,403	13,879	599	4.2
高齢障害	14	8,885	8,720	181	2.0
障害と保育または児童	6	3,356	3,192	191	5.7
その他施設	1	192	183	9	4.9
複合体	14	21,990	21,464	681	3.1
全体合計	96	66,144	64,175	2,285	3.5

	総資産 (百万円)	純資産 (百万円)	金融資産 D (百万円)	借入金 E (百万円)	純金融資産 F=D-E (百万円)	純金融資産対費用倍率 F÷B (倍)
高齢専業	36,865	30,399	11,015	4,949	6,065	0.42
保育専業	725	615	317	82	235	0.53
障害専業	3,729	3,520	1,448	120	1,328	0.95
児童専業	633	616	378	0	378	1.12
児童保育	-	-	-	-	-	-
高齢保育	32,685	25,418	9,313	6,135	3,179	0.23
高齢障害	19,334	16,061	4,792	2,345	2,447	0.28
障害と保育または児童	7,699	6,921	2,299	498	1,801	0.56
その他施設	486	480	239	0	239	1.31
複合体	62,068	55,422	13,864	4,101	9,763	0.45
全体合計	164,225	139,451	43,665	18,229	25,436	0.40

第4章 2015年度財務諸表集計結果が示唆する社会福祉法人の課題 125

図表4-50 山口県

	集計法人数	収入 A (百万円)	費用 B (百万円)	経常損益 C (百万円)	経常利益率 C÷A (%)
高齢専業	57	33,682	32,468	1,271	3.8
保育専業	10	1,485	1,410	92	6.2
障害専業	24	8,849	8,421	469	5.3
児童専業	6	1,223	1,115	116	9.5
児童保育	0	-	-	-	-
高齢保育	2	1,542	1,470	75	4.9
高齢障害	19	18,435	17,393	1,063	5.8
障害と保育または児童	2	751	665	88	11.8
その他施設	0	-	-	-	-
複合体	9	17,377	16,959	428	2.5
全体合計	129	83,343	79,900	3,603	4.3

	総資産 (百万円)	純資産 (百万円)	金融資産 D (百万円)	借入金 E (百万円)	純金融資産 F=D-E (百万円)	純金融資産対費用倍率 F÷B (倍)
高齢専業	83,293	63,813	21,115	15,078	6,037	0.19
保育専業	2,374	2,150	1,041	41	1,001	0.71
障害専業	23,359	20,735	9,256	1,377	7,879	0.94
児童専業	2,077	1,908	666	46	619	0.56
児童保育	-	-	-	-	-	-
高齢保育	5,543	3,955	847	1,355	▲508	▲0.35
高齢障害	42,211	32,312	11,405	7,206	4,199	0.24
障害と保育または児童	2,057	1,696	731	25	706	1.06
その他施設	-	-	-	-	-	-
複合体	40,069	30,663	9,313	6,923	2,390	0.14
全体合計	200,984	157,232	54,375	32,052	22,323	0.28

図表4-51 香川県

	集計法人数	収入 A (百万円)	費用 B (百万円)	経常損益 C (百万円)	経常利益率 C÷A (%)
高齢専業	34	22,513	22,175	200	0.9
保育専業	14	2,552	2,422	143	5.6
障害専業	13	2,906	2,745	183	6.3
児童専業	1	332	293	40	12.0
児童保育	1	367	347	27	7.3
高齢保育	7	7,562	6,885	758	10.0
高齢障害	10	12,301	10,532	1,661	13.5
障害と保育 または児童	0	-	-	-	-
その他施設	0	-	-	-	-
複合体	5	6,904	6,757	194	2.8
全体合計	85	55,438	52,156	3,205	5.8

	総資産 (百万円)	純資産 (百万円)	金融資産 D (百万円)	借入金 E (百万円)	純金融資産 F=D-E (百万円)	純金融資産 対費用倍率 F÷B (倍)
高齢専業	57,315	39,946	10,981	14,356	▲3,375	▲0.15
保育専業	4,539	4,041	1,530	285	1,245	0.51
障害専業	7,263	6,282	2,778	594	2,184	0.80
児童専業	1,304	962	240	47	192	0.66
児童保育	754	676	145	50	95	0.27
高齢保育	20,809	15,617	5,366	3,825	1,541	0.22
高齢障害	42,289	35,724	11,726	5,445	6,280	0.60
障害と保育 または児童	-	-	-	-	-	-
その他施設	-	-	-	-	-	-
複合体	13,408	11,211	5,025	336	4,689	0.69
全体合計	147,681	114,459	37,790	24,938	12,852	0.25

第4章　2015年度財務諸表集計結果が示唆する社会福祉法人の課題　127

図表4-52 徳島県

	集計 法人数	収入 A (百万円)	費用 B (百万円)	経常損益 C (百万円)	経常利益率 C÷A (%)
高齢専業	23	23,104	21,752	1,337	5.8
保育専業	21	3,713	3,440	302	8.1
障害専業	12	4,991	4,381	629	12.6
児童専業	4	557	497	61	11.0
児童保育	2	791	703	90	11.4
高齢保育	0	-	-	-	-
高齢障害	10	7,896	7,740	213	2.7
障害と保育 または児童	3	1,758	1,634	132	7.5
その他施設	0	-	-	-	-
複合体	6	15,997	15,509	533	3.3
全体合計	81	58,807	55,655	3,300	5.6

	総資産 (百万円)	純資産 (百万円)	金融資産 D (百万円)	借入金 E (百万円)	純金融資産 F=D-E (百万円)	純金融資産 対費用倍率 F÷B (倍)
高齢専業	64,779	48,303	15,893	13,554	2,339	0.11
保育専業	7,063	6,167	2,103	419	1,684	0.49
障害専業	12,614	11,544	5,132	300	4,833	1.10
児童専業	1,164	1,026	408	58	350	0.70
児童保育	2,020	1,852	596	72	524	0.75
高齢保育	-	-	-	-	-	-
高齢障害	21,808	14,426	4,613	5,398	▲785	▲10
障害と保育 または児童	4,964	4,458	1,372	218	1,154	0.71
その他施設	-	-	-	-	-	-
複合体	40,347	30,787	8,754	7,055	1,699	0.11
全体合計	154,758	118,563	38,872	27,073	11,799	0.21

図表4-53 愛媛県

	集計 法人数	収入 A (百万円)	費用 B (百万円)	経常損益 C (百万円)	経常利益率 C÷A (%)
高齢専業	29	18,129	16,304	1,814	10.0
保育専業	25	3,367	3,285	104	3.1
障害専業	10	3,235	2,894	356	11.0
児童専業	3	610	554	54	8.9
児童保育	2	1,000	966	54	5.4
高齢保育	3	4,510	4,074	391	8.7
高齢障害	5	3,303	3,070	225	6.8
障害と保育 または児童	6	3,436	3,272	205	6.0
その他施設	0	-	-	-	-
複合体	11	18,746	17,798	1,011	5.4
全体合計	94	56,337	52217	4,214	7.5

	総資産 (百万円)	純資産 (百万円)	金融資産 D (百万円)	借入金 E (百万円)	純金融資産 F=D-E (百万円)	純金融資産 対費用倍率 F÷B (倍)
高齢専業	63,937	54,417	22,509	6,997	15,512	0.95
保育専業	5,050	4,390	1,479	360	1,119	0.34
障害専業	8,225	7,726	3,538	168	3,370	1.16
児童専業	1,318	1,218	444	46	399	0.72
児童保育	1,850	1,633	749	93	656	0.68
高齢保育	11,157	6,651	1,632	3,968	▲2,336	▲0.57
高齢障害	9,563	7,806	2,931	1,354	1,577	0.51
障害と保育 または児童	8,105	7,258	3,150	313	2,837	0.87
その他施設	-	-	-	-	-	-
複合体	44,285	36,079	12,780	5,517	7,264	0.41
全体合計	153,492	127,179	49,213	18,816	30,397	0.58

図表4-54 高知県

	集計 法人数	収入 A (百万円)	費用 B (百万円)	経常損益 C (百万円)	経常利益率 C÷A (%)
高齢専業	18	13,455	12,058	299	2.2
保育専業	3	561	541	22	3.8
障害専業	18	5,627	5,318	369	6.6
児童専業	3	602	557	50	8.3
児童保育	2	1,576	1,421	163	10.4
高齢保育	4	4,389	4,343	29	0.7
高齢障害	11	9,458	8,971	471	5.0
障害と保育 または児童	2	2,173	2,001	183	8.4
その他施設	1	17	17	▲0.06	▲0.4
複合体	4	7,168	6,804	354	4.9
全体合計	66	45,026	42,030	1,940	4.3

	総資産 (百万円)	純資産 (百万円)	金融資産 D (百万円)	借入金 E (百万円)	純金融資産 F=D-E (百万円)	純金融資産 対費用倍率 F÷B (倍)
高齢専業	40,722	25,841	5,353	12,433	▲7,080	▲0.59
保育専業	839	779	391	14	377	0.70
障害専業	14,845	12,376	4,426	1,485	2,941	0.55
児童専業	1,318	1,123	271	133	137	0.25
児童保育	3,111	2,849	790	95	695	0.49
高齢保育	8,345	5,057	1,371	2,798	▲1,427	▲0.33
高齢障害	23,412	15,944	6,349	6,110	238	0.03
障害と保育 または児童	4,815	4,195	1,647	370	1,278	0.64
その他施設	82	79	11	0	11	0.67
複合体	20,017	13,511	4,979	5,198	▲219	▲0.03
全体合計	117,504	81,755	25,589	28,637	▲3,048	▲0.07

図表4-55 福岡県

	集計法人数	収入 A (百万円)	費用 B (百万円)	経常損益 C (百万円)	経常利益率 C÷A (%)
高齢専業	71	47,204	45,630	1,562	3.3
保育専業	14	2,610	2,411	127	4.9
障害専業	43	22,441	20,886	1,740	7.8
児童専業	1	530	501	36	6.9
児童保育	4	2,179	2,085	106	4.9
高齢保育	9	7,710	7,441	289	3.8
高齢障害	20	16,797	16,315	496	3.0
障害と保育 または児童	9	6,961	6,378	633	9.1
その他施設	0	-	-	-	-
複合体	13	25,749	25,284	559	2.2
全体合計	184	132,180	126,931	5,548	4.2

	総資産 (百万円)	純資産 (百万円)	金融資産 D (百万円)	借入金 E (百万円)	純金融資産 F=D-E (百万円)	純金融資産 対費用倍率 F÷B (倍)
高齢専業	140,193	110,102	41,693	23,843	17,851	0.39
保育専業	4,911	3,959	1,333	691	642	0.27
障害専業	49,780	43,056	17,050	4,872	12,177	0.58
児童専業	1,022	1,008	374	0	374	0.75
児童保育	4,105	3,759	1,144	257	887	0.43
高齢保育	20,327	16,640	4,909	2,747	2,162	0.29
高齢障害	40,581	31,306	8,976	7,937	1,039	0.06
障害と保育 または児童	13,571	12,083	4,996	977	4,019	0.63
その他施設	-	-	-	-	-	-
複合体	51,450	42,848	17,408	4,364	13,044	0.52
全体合計	325,940	264,760	97,882	45,688	52,194	0.41

第4章　2015年度財務諸表集計結果が示唆する社会福祉法人の課題　131

図表4-56 佐賀県

	集計 法人数	収入 A (百万円)	費用 B (百万円)	経常損益 C (百万円)	経常利益率 C÷A (%)
高齢専業	34	21,041	20,825	384	1.8
保育専業	9	1,151	1,050	110	9.5
障害専業	15	4,533	4,389	293	6.5
児童専業	3	543	486	60	11.1
児童保育	0	-	-	-	-
高齢保育	2	1,419	1,433	▲5	▲0.4
高齢障害	5	6,002	5,424	570	9.5
障害と保育 または児童	2	1,137	997	147	12.9
その他施設	1	329	293	39	11.7
複合体	8	16,422	15,271	1,267	7.7
全体合計	79	52,577	50,165	2,863	5.5

	総資産 (百万円)	純資産 (百万円)	金融資産 D (百万円)	借入金 E (百万円)	純金融資産 F=D-E (百万円)	純金融資産 対費用倍率 F÷B (倍)
高齢専業	55,872	45,312	17,856	8,954	8,902	0.43
保育専業	1,959	1,677	755	221	534	0.51
障害専業	11,044	10,469	3,442	340	3,102	0.71
児童専業	1,055	981	471	60	412	0.85
児童保育	-	-	-	-	-	-
高齢保育	3,585	3,009	412	488	▲75	▲0.05
高齢障害	18,973	11,792	3,438	6,409	▲2,971	▲0.55
障害と保育 または児童	2,314	2,145	1,010	23	987	0.99
その他施設	1,021	882	266	125	140	0.48
複合体	46,282	43,292	14,761	1,619	13,142	0.86
全体合計	142,105	119,559	42,411	18,239	24,172	0.48

図表4-57 長崎県

	集計 法人数	収入 A (百万円)	費用 B (百万円)	経常損益 C (百万円)	経常利益率 C÷A (%)
高齢専業	54	23,457	22,973	448	1.9
保育専業	6	1,220	1,150	71	5.8
障害専業	20	6,896	6,225	690	10.0
児童専業	3	1,154	955	203	17.6
児童保育	3	942	826	119	12.6
高齢保育	11	7,449	7,626	▲170	▲2.3
高齢障害	12	8,111	7,879	234	2.9
障害と保育 または児童	7	5,106	4,495	630	12.3
その他施設	0	-	-	-	-
複合体	15	24,005	21,679	2,411	10.0
全体合計	131	78,339	73,807	4,636	5.9

	総資産 (百万円)	純資産 (百万円)	金融資産 D (百万円)	借入金 E (百万円)	純金融資産 F=D-E (百万円)	純金融資産 対費用倍率 F÷B (倍)
高齢専業	67,056	51,237	19,611	12,732	6,880	0.30
保育専業	2,235	1,948	677	236	441	0.38
障害専業	14,811	13,384	4,795	850	3,945	0.63
児童専業	2,624	2,386	1,202	137	1,064	1.11
児童保育	1,620	1,593	736	101	635	0.77
高齢保育	22,439	16,468	4,993	5,308	▲316	▲0.04
高齢障害	19,872	15,802	4,789	3,375	1,414	0.18
障害と保育 または児童	13,274	12,206	5,015	740	4,275	0.95
その他施設	-	-	-	-	-	-
複合体	55,591	49,711	25,294	4,462	20,832	0.96
全体合計	199,522	164,735	67,112	27,941	39,171	0.53

図表4-58 大分県

	集計法人数	収入 A (百万円)	費用 B (百万円)	経常損益 C (百万円)	経常利益率 C÷A (%)
高齢専業	44	26,842	26,462	358	1.3
保育専業	6	1,034	948	86	8.4
障害専業	20	6,002	5,587	449	7.5
児童専業	4	912	852	76	8.4
児童保育	2	842	777	74	8.7
高齢保育	4	3,512	3,271	266	7.6
高齢障害	18	15,134	15,054	119	0.8
障害と保育 または児童	2	1,156	1,023	147	12.7
その他施設	1	59	56	3	5.0
複合体	11	16,592	15,870	835	5.0
全体合計	112	72,085	69,901	2,414	3.4

	総資産 (百万円)	純資産 (百万円)	金融資産 D (百万円)	借入金 E (百万円)	純金融資産 F=D-E (百万円)	純金融資産 対費用倍率 F÷B (倍)
高齢専業	66,781	48,806	14,393	14,079	315	0.01
保育専業	1,858	1,620	399	144	254	0.27
障害専業	12,616	10,810	2,772	1,014	1,758	0.31
児童専業	1,957	1,766	554	160	394	0.46
児童保育	1,621	1,501	482	49	433	0.56
高齢保育	9,568	7,519	2,168	1,525	643	0.20
高齢障害	36,768	28,075	10,913	6,356	4,557	0.30
障害と保育 または児童	2,116	1,936	760	58	702	0.69
その他施設	25	20	15	0	15	0.27
複合体	48,022	44,456	13,948	1,327	12,621	0.80
全体合計	181,332	146,508	46,404	24,712	21,692	0.31

図表4-59 熊本県

	集計法人数	収入 A (百万円)	費用 B (百万円)	経常損益 C (百万円)	経常利益率 C÷A (%)
高齢専業	70	38,838	37,368	1,682	4.3
保育専業	33	5,193	4,906	358	6.9
障害専業	34	10,839	9,694	1,291	11.9
児童専業	6	1,832	1,716	141	7.7
児童保育	1	351	315	38	11.0
高齢保育	6	3,650	3,657	52	1.4
高齢障害	13	8,162	7,711	514	6.3
障害と保育 または児童	8	4,139	3,930	246	5.9
その他施設	4	783	741	48	6.1
複合体	10	10,489	9,957	594	5.7
全体合計	185	84,277	79,994	4,964	5.9

	総資産 (百万円)	純資産 (百万円)	金融資産 D (百万円)	借入金 E (百万円)	純金融資産 F=D-E (百万円)	純金融資産 対費用倍率 F÷B (倍)
高齢専業	103,542	86,938	30,599	12,516	18,084	0.48
保育専業	10,407	9,143	3,164	772	2,393	0.49
障害専業	29,341	26,290	11,743	1,583	10,160	1.05
児童専業	6,157	5,492	1,006	498	508	0.30
児童保育	375	349	252	0	252	0.80
高齢保育	9,971	7,395	1,990	1,984	6	0.00
高齢障害	19,166	16,164	6,163	2,182	3,981	0.52
障害と保育 または児童	9,301	8,464	3,062	180	2,881	0.73
その他施設	1,543	1,425	638	36	602	0.81
複合体	25,089	22,074	5,840	1,551	4,289	0.43
全体合計	214,892	183,734	64,457	21,301	43,156	0.54

第4章　2015年度財務諸表集計結果が示唆する社会福祉法人の課題

図表4-60 宮崎県

	集計法人数	収入 A (百万円)	費用 B (百万円)	経常損益 C (百万円)	経常利益率 C÷A (%)
高齢専業	47	29,369	28,828	535	1.8
保育専業	39	6,392	5,885	553	8.7
障害専業	17	4,646	4,264	417	9.0
児童専業	1	148	127	21	14.0
児童保育	0	-	-	-	-
高齢保育	5	1,585	1,474	114	7.2
高齢障害	10	6,778	6,319	501	7.4
障害と保育または児童	4	3,385	2,827	561	16.6
その他施設	0	-	-	-	-
複合体	9	13,207	12,872	377	2.9
全体合計	132	65,510	62,595	3,078	4.7

	総資産 (百万円)	純資産 (百万円)	金融資産 D (百万円)	借入金 E (百万円)	純金融資産 F=D-E (百万円)	純金融資産対費用倍率 F÷B (倍)
高齢専業	74,970	58,075	22,676	13,816	8,861	0.31
保育専業	11,585	10,461	4,413	509	3,903	0.66
障害専業	9,994	9,006	4,086	498	3,588	0.84
児童専業	277	221	54	45	10	0.08
児童保育	-	-	-	-	-	-
高齢保育	2,767	2,190	892	474	419	0.28
高齢障害	19,127	17,301	7,098	1,187	5,911	0.94
障害と保育または児童	6,915	6,152	2,682	291	2,390	0.85
その他施設	-	-	-	-	-	-
複合体	28,157	23,478	8,194	3,106	5,088	0.40
全体合計	153,792	126,883	50,095	19,926	30,169	0.48

図表4-61 鹿児島県

	集計法人数	収入 A (百万円)	費用 B (百万円)	経常損益 C (百万円)	経常利益率 C÷A (%)
高齢専業	69	32,005	31,285	654	2.0
保育専業	14	1,845	1,690	157	8.5
障害専業	27	9,897	9,228	738	7.5
児童専業	4	706	638	70	9.9
児童保育	2	346	315	34	9.9
高齢保育	1	187	187	▲1	▲0.6
高齢障害	21	16,479	16,157	301	1.8
障害と保育 または児童	16	8,252	7,542	766	9.3
その他施設	0	-	-	-	-
複合体	15	16,473	15,248	1,209	7.3
全体合計	169	86,190	82,289	3,928	4.6

	総資産 (百万円)	純資産 (百万円)	金融資産 D (百万円)	借入金 E (百万円)	純金融資産 F=D-E (百万円)	純金融資産 対費用倍率 F÷B (倍)
高齢専業	83,374	66,918	22,080	12,558	9,522	0.30
保育専業	2,730	2,243	934	318	617	0.36
障害専業	22,948	19,762	7,627	1,879	5,748	0.62
児童専業	1,346	1,163	527	107	419	0.66
児童保育	427	376	195	1	193	0.61
高齢保育	564	311	112	241	▲129	▲0.69
高齢障害	42,253	35,274	13,161	4,210	8,951	0.55
障害と保育 または児童	20,285	16,458	6,747	2,313	4,434	0.59
その他施設	-	-	-	-	-	-
複合体	42,515	34,493	12,990	5,544	7,446	0.49
全体合計	216,440	176,996	64,372	27,171	37,201	0.45

第4章 2015年度財務諸表集計結果が示唆する社会福祉法人の課題 137

図表4-62 沖縄県

	集計 法人数	収入 A (百万円)	費用 B (百万円)	経常損益 C (百万円)	経常利益率 C÷A (%)
高齢専業	23	13,869	13,699	182	1.3
保育専業	22	3,803	3,588	265	7.0
障害専業	19	8,717	7,905	857	9.8
児童専業	0	-	-	-	-
児童保育	0	-	-	-	-
高齢保育	9	4,828	4,521	354	7.3
高齢障害	8	8,401	8,029	420	5.0
障害と保育 または児童	4	1,615	1,508	113	7.0
その他施設	0	-	-	-	-
複合体	6	10,256	9,815	556	5.4
全体合計	91	51,490	49,066	2,747	5.3

	総資産 (百万円)	純資産 (百万円)	金融資産 D (百万円)	借入金 E (百万円)	純金融資産 F=D-E (百万円)	純金融資産 対費用倍率 F÷B (倍)
高齢専業	35,204	27,453	11,148	5,601	5,547	0.40
保育専業	7,230	6,217	2,029	430	1,599	0.45
障害専業	20,620	18,001	7,225	1,369	5,857	0.74
児童専業	-	-	-	-	-	-
児童保育	-	-	-	-	-	-
高齢保育	12,196	10,407	4,777	1,173	3,604	0.80
高齢障害	16,795	12,476	4,034	2,917	1,118	0.14
障害と保育 または児童	3,557	3,272	974	79	894	0.59
その他施設	-	-	-	-	-	-
複合体	19,306	16,213	4,581	1,670	2,911	0.30
全体合計	114,908	94,039	34,768	13,239	21,529	0.44

参考文献

- 吉川洋、『人口と日本経済：長寿、イノベーション、経済成長』、2016年、中公新書
- 経済産業省、「新産業構造ビジョン」、2017年
- 首相官邸未来投資会議、「未来投資戦略2017」、2017年
- 国立社会保障・人口問題研究所、「日本の将来推計人口（平成29推計）」、2017年
- 厚生労働省、「保健医療2035提言書」、2015年
- 厚生労働省、「国民医療費」
- 厚生労働省、「介護保険事業状況報告」
- 厚生労働省、「地域医療連携推進法人制度（仮称）の創設について（概要）（案）」
- 厚生労働省、「医療・介護分野におけるICT活用（第2回未来投資会議提出資料）」
- 規制改革会議健康・医療ワーキング・グループ、第48回会議（2016年4月開催）議事録
- 高度情報通信ネットワーク社会推進戦略本部医療情報化に関するタスクフォース第1回会合資料、2010年
- 総務省、「連結財務書類作成の手引き（2016年5月改訂）」
- 財政制度等審議会財政制度分科会（平成29年4月開催）資料
- 日本医療政策機構、「2016年 医療ICTに関する意識調査」、2017年3月
- 行政改革推進会議、「秋のレビュー（2014年11月）」
- 国際公会計基準（International Public Sector Accounting Standards）、IPSAS 第8号－「ジョイント・ベンチャーに対する持分」、2006年＜翻訳者日本公認会計士協会＞

- Centers for Medicare & Medicaid Services, National Health Expenditures Highlightsの2010年版と2015年版
- US Bureau of Labor Statistics, Employer Costs for Employee Compensation
- IMF, World Economic Outlook Database, April 2017
- The National Academies, Medical Innovation in the Changing Healthcare Marketplace: Conference Summary, 2002
- Sentara Healthcare, Consolidated Financial Statements 2016
- Sentara Healthcare, Alternative Payment Contracts
- Sentara Healthcare, Hospital Derived Data, Internal and External Measurements
- Sentara Healthcare, eVisits, Precision Medicine & AI
- Sentara Healthcare, My Chart & My Optima

●著者略歴

松山 幸弘 （まつやま・ゆきひろ）

一般財団法人キヤノングローバル戦略研究所 研究主幹、経済学博士
千葉商科大学大学院政策研究科 客員教授
豪州マッコリー大学オーストラリア医療イノベーション研究所 名誉教授
社会保障審議会福祉部会 委員

1953年2月、福岡県生まれ。1975年3月、東京大学経済学部卒業。
1975年4月～1999年3月、保険会社勤務。保険会社在職中、九州大学経済学部客員助教授（1988～1989年）、日本銀行金融研究所客員エコノミスト（1991年）、厚生省（現厚生労働省）HIV疫学研究班員（1993～1994年）等を歴任。1999年4月～2005年6月、富士通総研経済研究所主席研究員。2005年7月以降、民間医療法人専務理事、医療コンサルタント会社顧問、国保旭中央病院顧問等を経て、2009年4月より現職。

財政破綻に備える
次なる医療介護福祉改革

2017年10月5日　第1版第1刷発行

著　者　松山 幸弘
発行人　林　諄
発行所　株式会社日本医療企画
　　　　〒101-0033　東京都千代田区神田岩本町4-14
　　　　　　　　　　神田平成ビル
　　　　　　　　　　TEL 03-3256-2861（代）
　　　　　　　　　　FAX 03-3256-2865
　　　　　　　　　　http://www.jmp.co.jp
装　丁　高田 康稔（株式会社ensoku）
本文デザイン・DTP　　株式会社明昌堂
印刷所　図書印刷株式会社

© Yukihiro Matsuyama 2017,Printed and Bound in Japan
ISBN978-4-86439-609-7 C3033
定価はカバーに表示しています。
本書の全部または一部の複写・複製・転訳等を禁じます。これらの許諾については小社までご照会ください。

日本医療企画・松山幸弘の本

医療・介護改革の深層

日本の社会保障制度を守るための提言

真相を知れば、**深層**が見えてくる
都道府県による**地域間競争時代**が**到来！**

好評発売中

社会福祉法人聖隷福祉事業団
山本敏博理事長
特別インタビュー掲載！

- ■著　者：松山 幸弘（キヤノングローバル戦略研究所 研究主幹、経済学博士）
- ■体　裁：四六判／上製本／216頁
- ■定　価：2,500円＋税
- ■ISBN：978-4-86439-375-1 C3033

目　次

特別インタビュー
医療・介護改革で重要な役割を担う
事業規模1千億円の社会福祉法人の経営戦略
　社会福祉法人聖隷福祉事業団 理事長
　山本 敏博 氏

第1章　近未来の不都合な真実と対応策
　第1節　高齢者負担増を先送りする限り、
　　　　社会保障制度は維持できない
　第2節　医療改革論争を迷走させている"通説"の誤り
　第3節　今こそ、医療制度全体のガバナンス改革が必要

**第2章　非営利ホールディング型法人を
　　　　絵に描いた餅にするな**
　第1節　迷走した非営利ホールディング型法人の行方
　第2節　改革の主役を社会医療法人に
　第3節　地域住民の支持で急成長するＩＨＮから学ぶ

第3章　法改正で浮かび上がる社会福祉法人の実像
　第1節　社会福祉法人制度の変遷と課題
　第2節　業界の非常識にふれて、
　　　　社会福祉法人の本格的研究を開始
　第3節　厚生労働省の本気度が示された
　　　　社会福祉法改正のポイント
　第4節　改正法律案が積み残した課題

**第4章　医療介護福祉改革で
　　　　都道府県地域間競争が始まる**
　第1節　知事が医療介護福祉制度運営の成否を左右する
　第2節　データヘルスの成功条件は、財源と医療機関の連結
　第3節　日本の医療ＩＣＴ政策の欠陥と打開策
　第4節　日本版ＩＨＮ創造の要諦